60歳からの
後悔しない
生き方

いまこそ「自分最優先」の道を進もう!

櫻井秀勲
Hidenori Sakurai

きずな出版

はじめに
60歳が見えてくると、ついジタバタしたくなる。しかし——

「焦《あせ》る必要はありません」

というのが、この本で私があなたに伝えたいメッセージです。

私は今年88歳になりましたが、自分の「60歳」の頃をふり返ってみると、その年齢に焦ってしまったことを思い出します。

いまから30年余り前、それこそ元号が昭和から平成へと移り、時代が変わっていくなかで還暦を迎えてしまうということで、命の期限が急に迫ったように感じたのです。

2019年5月1日、令和の御代を迎えましたが、新天皇は59歳です。

即位された陛下に対して、「老人」だと思った人はいないでしょう。

いつでも背筋がピンと伸びて、「剣璽《けんじ》等承継の儀」「即位後朝見の儀」でも、それこそ微動だにされないお姿は、若々しさを通り越して、神々しさを感じるほどでした。

陛下も来年は還暦を迎えられるわけですが、私が「60歳」を迎えた当時とは、まさに時代が違います。

当時の日本人男性の平均寿命は、75〜76歳でした。

50代になったばかりの頃には思ってもいなかったことですが、「60歳」という年齢を意識した途端に、自分が死ぬこともあるのだということを実感しました。

あれから30年、いまや日本人の平均寿命は男女ともに80歳を超えています。

それだけ「老後」という期間が長くなったわけです。

また、これはどの世代にも通じることだと思いますが、昔に比べれば実年齢よりも、若々しい人が増えています。60歳で自分の死期を考える人はほとんどいないでしょう。

それでも、自分の肉体や気持ちが若い頃とは違ってきていることに気づいて、なにか焦りのようなものを感じる人は少なくないのではないでしょうか。

「自分に残された時間は、それほど長くはない」

そのことを意識したときに、これからどう生きるのか、どう生きればいいのかと考えるわけです。

60歳という年齢を迎えるにあたって、誰もが思うのは、

「いつまで働けるだろう？」

ということではないでしょうか。

終身雇用が当たり前の時代には、定年まで働いて、あとはのんびりとした老後を過ごす、というのが普通でした。でも、いまはそういきません。

定年を前にして、早期退職を求められることもあれば、給料が頭打ちになる現実もあります。慣れない部署にまわされて苦労している、という人もいるかもしれません。

「このままで大丈夫だろうか」と考えるのは当然といっても過言ではありません。

これが40代であれば、「このままではイヤだ」と思っても、家族のためにはどうしようもない、ということもあったでしょうが、60歳になると、じつは、そこが大きく違ってきます。

家族のため、子どものためと思って働いていたのが、いつしか子どもは大きくなり、授業料などの教育費を払う必要がなくなれば、それほどお金がかかることはなくなります。親の介護になけなしのお金を出してきた人も、役目を果たし終える時を迎えるということもあります。

あらためて考えてみると、人によっては自分の自由になる時間、自分の自由になるお金が、少しずつ増えてきた、ということに気づくのが「60歳」という年齢かもしれません。

「60歳」といえば還暦です。

還暦といえば、赤いちゃんちゃんこを着るという祝いの習慣がありましたが、だいぶ前になくなりました。赤い衣服は魔除《よ》けの意味があり、赤ちゃんが生まれたときには、その誕生を祝って、赤い産着を着せた風習がありましたが、還暦のときにも赤いセーターなどを着ることで、赤ちゃんに戻ったということにしたのです。

また、還暦になったら、「これからは人の話を聞きなさい」ということもいわれました。

赤ちゃんは、まだしゃべれないので、親や周囲の人の話を聞くだけです。成長して言葉を覚えて、自分の考えや思いを口から出すようになり、60歳までは、私たちはまさに、そうして世の中を渡ってきたわけです。

でも、60歳になったら、口をつぐんで、「若い人たちのいうことを聞きなさい。親のいうことを聞いていた赤ちゃんの頃に戻りなさい」というのが、「還暦」の教えです。

しかし、いまの時代に、それがそのまま通じるとは思えません。

還暦を祝う風習は、奈良時代から始まったとも、飛鳥時代から始まったともいわれています。もともとは古代中国から入ってきた文化のようです。

当時は短命で、50歳まで生きるだけでも長寿とされていました。だからこそ、それを祝う風習が根づいたわけです。

その頃は、60歳にもなったら、一線を退き、ご隠居《いんきょ》さんとして余生を過ごせばよかったのです。

「隠居」とは、文字通り「隠れて居る」わけですから、たとえば家に客人が来ても表に出て、もてなすことはありません。そうした日常のわずらわしさから解放されていたのです。家のことは、お金のことも含んで、子どもの世代にまかせるのが、正しい隠居のあり方でした。

女性でも「しゃもじ権」というのがあって、たとえば日々の晩ご飯の献立や分量を決めるのは、その家の切り盛りをする主婦に与えられた権限でしたが、それを嫁に渡すのです。

家は長男が継ぐものという認識は、いまの若い人にはあまりないかもしれませんが、昔はそれが当たり前で、その家を継いだら、親の面倒を見るのも大切な役割の1つでした。

それだけ子どもに頼ることができた時代だったともいえますが、いまはそうはいきません。隠れて居ては、干上がってしまうのが落ちでしょう。

還暦は、「華甲《かこう》」「華年《かねん》」ともいいます。

「華」という字は、分解すると6つの「十」と「一」で、合わせて61になります。

還暦は数え年で61歳になるところから「華」という字が使われています。

「甲」は、十干十二支の最初の「甲子《きのえね》」からつけられています。

「華」には、「きらびやか」とか「栄える」という意味があります。

平均寿命が延びた今、60歳という年齢では、隠居するのも、長寿を祝うのも、早すぎます。あなた自身も、「そんなどころじゃない」と思っているのではありませんか。

その通り、いまの60歳には、まだまだやれることがたくさんあります。

働くこともその一つですが、からだも気持ちも、まだまだ余裕があるはずです。

「若い頃の自分より、いまのほうが楽になりました」という人がいました。

30代、40代にはうまくいかなかったことが、60歳になったらうまくいくようになる、ということもあるのです。

たとえば、若いときにはまったくモテなかった人が、年齢を重ねてモテるようになるというのは、よくあることです。

人生にはうまくいかないこともあります。そんなことばかりだという人もいるでしょう。でも、たいていの人の人生がそんなものです。

でも、うまくいかないことばかりでもありません。

コツコツ続けていたことが、ようやく花開くこともあります。

地位やお金のあるなしはともかく、「まあまあ自分らしい生活ができている」としたら、第1の人生は、「よくやった」と自分にいってあげてよいのではないでしょうか。

そして今これから、第2の人生をスタートさせましょう。

前でも書いた通り、私は88歳になりました。60歳から考えても30年近い月日がたっているわけです。

60歳の自分にいってやりたいことがあるとすれば、冒頭に書いた通り、「焦る必要はない」ということです。

あなたには、まだまだ時間は十分残されており、私生活でも仕事でも、できることは少なくありません。

来年の自分、再来年の自分が楽しみになるように、毎日をすごしていきましょう。具体的な予定をスケジュールに書き込んでいけば、それだけでワクワクしてきませんか？

これまでの人生で、いろいろなことがあったとしても、とにかく60歳を迎えられたことに感謝しましょう。そして、「華甲」にふさわしく華やかに、第2の人生を歩いていってください。

本書がそのきっかけをつくれたら、著者として嬉しい限りです。

櫻井秀勲

60歳からの後悔しない生き方――（目次）

第1章 60歳を迎える自分を、ほめてあげなさい

第2章

捨ててきた夢を、いまから拾いに行きなさい

第3章 大きなお金を夢見るより、少しでも自分で稼ぎなさい

第4章 病気にならない常識は、思い切って捨ててみなさい

第5章 恋愛においてこそ、生涯現役を通しなさい

第6章 違う方法も試して、セックスを楽しみなさい

第7章

まかせられることは、人にまかせてあげなさい

第8章

70歳は今よりもっと、面白くなると信じなさい

60歳からの後悔しない生き方

いまこそ「自分最優先」の道を進もう！

第1章

60歳を迎える自分を、ほめてあげなさい

これまでの自分にOKを出すことから始めよう

60歳を迎えるにあたって、もしくはすでに60歳を超えた今、あなたは自分の人生をどんなふうに感じているでしょうか。

「たいした人生じゃなかった」

「思った通りの人生だった」

「いろいろあったけど、後悔はない」

「幸運に恵まれた！」

「面白い経験ができた！」

よくも悪くも、人生は人それぞれですが、どの人の人生も、一言でそのすべてを表すことはできないでしょう。

「たいした人生じゃなかった」という人でも、楽しい日が一日もなかったということはないはずです。

これまでの人生をネガティブにとらえるだけでは、この先、暗い気持ちになって、からだを悪くするかもしれません。

それに、そんな人生を歩いてきた自分にOKを出すことはできないでしょう。

「自分は恵まれていない」「いいことなんて起きない」と思っているうちは、実際、いいことに恵まれることは絶対ありません。

運に恵まれる人は、自分は運がいいと自信を持っているものです。

たとえば職場で、あるプロジェクトをまかされたとします。

すると、自分は運がいいと思っている人は、「これこそチャンスだ」と思って、積極的にその仕事に関われるのです。

ところが、人生をネガティブにとらえることがクセになっている人は、「きっと今回もうまくいかない」と思って、何をしても悪いほうに考えて、うまくいくこともうまくいかなくなる、という悪循環を生んでしまいます。

コップに半分の水が入っているのを見て、「もう半分しかない」と思う人もいれば、「まだ半分ある」と思う人がいるというのは、心理学でよく使われる譬《たと》えですが、同じことを経験しても、そのとらえ方で、いいことにも悪いことにもなるのです。

楽観すればいいというわけではありませんが、なにかトラブルが発生したときに、「どうせ何をしても無駄だ」と投げてしまっては、解決できることも解決できなくなります。

私がここで何をいいたいのかといえば、これまでの人生を１００パーセント否定しては、絶対いけないということです。

反省することはあるにしても、自分なりに頑張ったからこそ、いまの人生があると自信を持つことです。

そう、あなたの人生は、悪いものではなかったのです。

少なくとも、こうして生き延びてきた——それだけで立派なことだと思いませんか。

いま生きていることを当たり前だと思わないことです。

寿命が延びたとはいっても、それは平均値であって、事故に遭《あ》うこともあれば、病気にかかることもあります。志半《なか》ばで人生を閉じなければならなかった友人もいたのではありませんか。そのなかで、あなたが60歳の還暦を迎えられたというのは、やはり喜ばしいことなのです。

還暦というと、年寄りになったようなイメージで悪くとらえる人もいるかもしれませんが、自分の顔をよく見てください。まだまだ若さが残っていると思いませんか？　いや、これからゆったりした、自信のある顔になるでしょう。

年を重ねることは楽しいことです。

楽しいから若いのです。

88歳になった私がそういうのですから、間違いありません。

「よくぞ生き延びた！」

「よくぞ働いた！」

「よくぞ子どもを育て上げた！」

「よくぞ親の面倒を見た！」

「よくぞ会社を大きくした！」

と自分をほめてください。

60年の還暦を祝ってください。

もしもいままでは、自分の人生をネガティブにとらえてしまうところがあったなら、これを機に改めていきましょう。

それが、60歳からの生き方として、まずは、あなたにしていただきたいことです。

自分という人間は何を大事にしてきたか

これまでの長い人生をふり返ってみると、いろいろなことがあったでしょう。

生まれてから子ども時代に起こったこと、体験したこと、受験や就職、結婚、子育て、起業や受賞……などなど、それこそ走馬灯《そうまとう》のように、人生のシーンの数々があなたの頭のなかを駆けめぐっているかもしれません。

もちろん、いいことばかりではないでしょう。

いまからでも取り消したいほどの悲しみや苦しみ、あるいは恥ずかしさを思い起こすこともあるはずです。

誰にも知られたくない、自分だけの秘密を持っている人もいるはずです。

でも、そうしたことのすべてがつながって、私たちの人生というのは築かれています。つまり、これまでの経験と行動が、あなたという60歳の人間をつくったのです。

ここで60歳という年齢を機に、それらの棚卸《たなおろ》しをしてみましょう。

自分という人間は、どんなものでつくられてきたのかを考えてみましょう。

□　親の愛情

□　親の無関心

□　多くの友人

□　孤独

□　秘密

□　楽しかったこと

□　くやしかったこと

□　屈辱《くつじょく》

□ パートナーの存在
□ 子どもの存在
□ 異性関係
□ 仕事へのやりがい
□ 趣味
□ ボランティア
□ 学びと教え
□ 夜の遊びと酒
□ 金銭関係
□ 会社―上司と部下

あなたにとっての大事だったもの、いちばん多く時間を費やしたこと――それがあることによって、あなたが笑ったり、ときには泣いたりしたこともあった、という体験を書き出してみましょう。

そこには、正解、不正解というものはありません。どういうものがよくて、どういうものがダメだということもありません。

ただ自分で、自分自身の60年を俯瞰《ふかん》してみるのです。

自分自身のことでいえば、私にとって人生は「書くこと」でした。作家になったからということもありますが、それ以前は編集者として、もっと前でいえば、学生時代も、私は「書くこと」ばかりしていました。

「仕事」になると、なにか義務感のようなものを感じる人がいるかもしれませんが、私は、たとえ作家にならなくても、なにかといえばメモをとることがクセになっていて、書くなといわれても、書かずにはいられなかったのです。

それは88歳になった今も変わりません。

私が本格的に作家になったのは、55歳を過ぎてからです。

前にも書いたように、60歳になる前に会社を辞めましたが、退職して何をするかということは決めていませんでした。たまたま本の依頼が来たので、それを承諾したところから作家の道が始まりました。

でも、いまになって思うと、自分の「棚」には、それがもとから並んでいたような気がします。

あなたの棚には、何が並んでいるでしょうか。

自分でも気づかなかった思いがけない「売り物」が見つかるかもしれません。

30代、40代では、それを売りにすることは、時間や環境が許さなかったということもあったかもしれません。

でも、いまなら「これも売りになるかもしれない」と思えるものがあるはずです。

それを見つける鋭《するど》い目が、60歳という年齢になったからこそ、備わったということなのです。

これまでの体験が自分の財産になっている

「私の人生なんて平凡で、人にいえるようなことは何もありません」といいきった女性がいました。

慎《つつし》み深いために出た言葉でしょうが、いまの時代、たとえ女性であっても慎んでいてはは生きていけないというのが、私の持論です。「私なんて！」という言葉は、あなたのなかからなくさなければなりません。

「慎み深い」とは、「控えめな」とか「遠慮深い」という意味で、昭和生まれの頭の固い人のなかには、「女性はそうあるべき」と、いまだに考えている人もいるかもしれませんが、そんな考え方は時代遅れです。

自分が60年間やってきた体験人生に、もっと自信を持つべきです。その体験に裏打ちされた人間が、あなたなのです。

ましてや、60歳という年齢に到達したというのであればなおさらで、女性でも男性でも、遠慮は禁物です。

どんな体験でも貴重な個人財産なのです。

「自分の人生で脚光を浴びるようなことがなかった」

という人は多いかもしれません。

私はマスコミに進んだためにテレビに出たりすることもあり、その意味では脚光を浴びているように思う人もいるかもしれませんが、子どもの頃から「賞」のようなものとは無縁でした。

たいていの人が、そんなものではないでしょうか。

たまにほめられるようなことはあっても、それだけのことで、客観的に見れば、「たいしたことはない」。「自分の人生には何もなかった」と、ついいってしまいたくなる気持ちもわからなくはありませんが、それでも、何もない人生などないのです。

「好きな人に好きだといってもらえた」

「上司や先生にほめられた」

「取引先の人に喜んでもらえた」

そんなことが「いちばん嬉しいこと」になるわけです。

そんな小さな喜びを否定しないことです。

60歳からの人生をどう生きていくのか——それを考えるためには、まず、いまの人生を全面的に受け入れましょう。

「何もなかった」とするのではなく、いいことも残念だったことも思い出して認めることです。

「ああ、自分は、こういうことが嬉しいんだ」

「ああ、自分は、こういうことが悲しいんだ」

ということを知ることから、自分が欲しい人生は見えてくるはずです。

誰の運命も、その人なりの山あり谷あり

「あんな人になれたらいいのに」

「自分とは大違いの人生でうらやましい」

世の中を見まわしてみると、自分より年下の大富豪がいたり、テレビで若い人たちに囲まれているタレントや経営者が気持ちよさそうに話していたり。その人たちは、くやしいほど自分とは違った人生を送っています。

他の人を見て、そんなふうに感じたことが、あなたにもあるでしょう。

人は、自分以外の人に対しては、その人のいいところしか見えない、いや見ないものです。とくに、自分の人生に満足していない場合は、余計ジェラシーを含めて、憎々しく眺《なが》めてしまうものです。

□ 自分より、いい会社で働いている
□ 自分より、年収が高い
□ 自分より、認められている
□ 自分より、いいところに住んでいる
□ 自分より、かっこいい（きれい）
□ 自分より、モテる
□ 自分より、運がいい
□ 自分より……

でも、あらためて文字にしてみると、どれも漠然としていて、じつは確かな根拠があることは少ないものです。

それに実際、傍《はた》からは恵まれているように見えても、その人にはその人なりに、悩みや挫折《ざせつ》があるものです。羽振りのいい（ように見える）社長が、じつは何十億の負債を抱えている、ということもあるのです。

だから、誰かをうらやましく思う必要はありません。私はマスコミに長くいたので、そういう人たちを大勢見てきました。

人生には波があります。

どんなに上り調子の会社でも、必ず業績が落ちるときがあります。

私はそれを「吊《つ》り橋の法則」と呼んでいて、とくに週刊誌の編集長をしていた頃には、それをとても意識していたものです。

「吊り橋」は2本の主塔にケーブルをつなげた造りになっていますが、ケーブルは真ん中あたりで垂れ下がり、曲線を描きます。

主塔につないだ部分がいちばん高く、少しずつ下がって、次の主塔でまた持ち上がります。

雑誌の売れ行きには波がありました。売れた週が続いても、どこかで必ず下がっていきます。吊り橋のケーブルのように、曲線が落ち込むことがあるのです。

こうして、吊り橋そのものは一定のカーブですが、山を越えていくケーブルは、次々と高くなっていき、何千メートルの高さの山でさえも越えていく「吊り天井」カーブになります。

そのときに、もとの主塔よりも少しでも高い地点をめざすことで、長い目で見れば、右肩上がりになっていくのです。

言い方をかえれば、さらに上の地点に行くためには、その前に落ち込む時期があるということです。

そういう流れがあるのだとわかっていれば、たとえ数字が落ち込んでも、そのことに振りまわされずにすみます。

同じように、人生にも「吊り橋の法則」は当てはまります。

いい時期があっても、そのまま、それが続くということはなく、どこかでうまくいかないことが出てきます。でも、だからこそ努力すれば、もとの地点よりも高い位置に行けるのです。

88年という歳月をへて見ると、人生の波が上がったり下がったりすることに、振りまわされるな！　というのが実感です。

下がってもまた上がると信じて、最善を尽くせば、また上向いていきます。

そう考えれば、人のことなど、うらやむことはありません。

自分の人生は、自分のペースで進んでいけばいいのです。

でも、それが難しいと思う人は多いでしょう。

いま60歳を迎える人たちは、日本が高度成長期のときに子ども時代を過ごした世代です。学力偏差値が受験の際に用いられ、「1億総中流社会」といわれた時代のなかで育ちました。よくも悪くも、子どもの頃から競争社会に身をおきながら、「みんなと同じ」であることが当たり前の時代を生きてきたのです。

だから、自分のペースでといわれても、歩みの遅い人は、負けたように感じたり、そのことに焦ってしまったり、不安になったりということもあるでしょう。

でも、「もう、そんなことは気にしなくていい」と自分にいってあげましょう。

あなたの人生に山や谷があったように、どんなに恵まれたように見える人にも、山も谷も、どん底もあるのです。

繰り返しになりますが、焦る必要はありません。

私の経験では、焦って無理をすることで病気になったり、大ケガをしたりするケースのほうが、断然多いものです。

人と比べたりせず、自分にフォーカスするのが、60歳からの生き方です。

いまこそ、自分の人生を始めよう

自分の人生は、自分だけのものです。

とはいっても、だからといって好きなことばかりができるわけではありません。仕事をしたり、親の面倒を見たり、子どもを育てたりで毎日はあっという間に過ぎて、自分のことはいつも後まわしだったという人が大半でしょう。

でも、そろそろ自分のための人生を生きてもいいのではないでしょうか。

前でも書きましたが、60歳になれば、子育てからも親の介護からも解放される頃です。

お金も時間も余裕ができて、自分のことにまわせる人も少しずつ増えてきます。

これまで苦労続きだった人も、すべてを家族につぎ込んできた人も、いままでできなかったことを楽しんでいきましょう。

ここで、いままで「時間がないから」「お金がないから」とあきらめてきたことを、見直してみましょう。

けれども、時間ができたら、あれもしたい、これもしたいと思っていたのに、実際にそうなってみると、何をしていいかわからない、という人がいます。

仕方ありません。それだけ自分を犠牲にしてきたのです。

家族や会社のために働いてきたために、それをしなくてもいいといわれても、何もしたいことが見つからない、ということになってしまうのです。

60歳は第2の人生のスタートです。

つまり、まだ始まったばかりですから、ヨチヨチ歩きでもいいのです。

やりたいことが見つからないなら、これから見つけていきましょう。

急ぐことはありません。

女性の平均寿命は87・2歳、男性のそれは、81・9歳なのです。60歳になっても、まだ20〜30年近く残っています。

これまでしてきたことを、やめる必要もありません。

家族も仕事も大切にしながら、新しいことにもチャレンジしていくことです。

「六十の手習い」ということわざがありますが、「手習い」とは習字のことです。還暦を迎えて、一から始め直すことをいいますが、いくつになっても学ぶことはできるという譬えです。

この「六十の手習い」を始めましょう。

私は55歳で会社を辞めて独立しましたが、57歳になったときには、仏教について勉強したいと思い、大学に入り直しました。このときの学びが、私のライフワークの一つになりました。

30年前は60歳前後の人間が学べる場所は、あまりありませんでした。

ご隠居は、家にこもるしかなかったのです。

けれども、いまは違います。

セミナーや講演会、カルチャースクールもあれば、市民センターのような公共の機関でも、さまざまな講習会を企画しています。

社会人でも受講できるコースを設けている大学、大学院も増えています。

学べる場所は、いくらでもあります。

千葉経済大学大学院に、84歳で入った染谷正道さんという男性がいます。

この大学院で最高齢ですが、染谷さんはここで2年間学んで、税理士資格を取り、税理士事務所を開く予定です。

さらに、そうして学んだことをアウトプットすることも可能です。

私も講座やオンラインサロンを開催していますが、「そんなことは櫻井さんだからできるんですよ」という人がいます。

たしかに、いまの私だけを見たら、そう思われるかもしれません。

でも、この私は、60歳以降に始めたことが、大きく影響しています。

染谷さんの例を見ても、勇気が湧いてくるのではありませんか？

舞台に上がるのは今からでも、少しも遅いことはありません。

第2の人生は、始まったばかりです。

これからの10年、20年をかけて、「自分」と「自分の技術」を磨いていくことです。

そのためには、まずは、これまでにしたことがないことを1つ、始めてみましょう。私はそれを「異」という言葉で表しています。これまでの人生と異なる人や趣味、仕事、勉強などを取り入れるのです。

やってみて、合わないな、違うなと思ったら、また別のことにチャレンジすればいいのです。

60歳からの人生は、自分のために使っていいのです。

もちろん、まだまだ、子どもや親のため、孫のために時間をさかれることはあるでしょう。仕事を辞められない、という人もいるでしょう。

それはそれでいいのです。

生きていくためには、それが必要なこともありますし、そういうしがらみがあることも、じつは幸せなことです。

けれども、それだけに忙殺《ぼうさつ》されてしまうのではなく、「自分のしたいこと」も、ちゃんとするようにしてください。

株式投資でもいいし、セミナー講師でもいい。読書会を企画して開催するのも素晴らしい試みです。

その自由が、いまの自分にはある、ということを意識できたら、次の章に進むとしましょう。

第2章

捨ててきた夢を、いまから拾いに行きなさい

どんな夢を持っていましたか？

若い頃、抱いていた夢はありますか？

なりたかった職業や、行きたかった場所、やってみたかった趣味や体験。

心に描きながら、かなえられなかったことというのは誰にもあるものです。

いま、それを思い出して、紙に書いてみましょう。

「やりたいことは全部やってきた」という人でも、一つ書き出してみると、案外、次から次へと出てきます。

□ 子どもの頃になりたかった職業は何ですか？
□ 海外に住むなら、どこの国がいいですか？

□ いま住んでいる場所以外で、住んでみたい場所はどこですか?
□ 誰と一緒にいたいですか?
□ 誰かにしてあげたいことはありますか?
□ 習い事をするとしたら、何を習いますか?
□ いままでで感動した映画、演劇、音楽は何ですか?
□ いままでで感動した本は何ですか?
□ 観たいと思いながら、まだ観ていない映画、演劇はありますか?
□ いつか学びたいと思っていた講師や先生はいますか?

そんなことを考えてみると、忘れていた「やりたかったこと」を思い出すのではないでしょうか。

私は15歳の頃に、いまでも人気作家の太宰治《だざいおさむ》らしき人に会った経験があります。

敗戦直後のことでした。

たまたま、指の皮膚に疥癬《かいせん》ができたのですが、日本は敗戦のどん底にあり、治療薬が手に入らなかったのです。1人で硫黄泉《いおうせん》療養に行かされたのが神奈川県芦之湯《あしのゆ》温泉の旅館でした。

最初の3日間は、1人ぼっちで温泉に何回も浸《つ》かっていました。ただそれだけなので、寂しい毎日でした。そして、4日目のことです。浴場で声をかけてくれたのが、その太宰らしき人でした。

その人は宿の泊まり客で、太宰治だったというのは後年にわかるのですが、当時は、その人が太宰治だとは知らず、でもどうやら作家らしいということは、15歳の私にもわかりました。

当時のことで旅館の部屋にはもちろんテレビもゲームもなく、あるのは古ぼけたラジオ1台だけです。1人でいる私を、その作家は自分の部屋に呼んでくれたのでした。

私はそこに滞在中、といっても4日ぐらいのことですが、その太宰らしき人の部屋に入り浸って、いろいろな話を聞きました。いや、話をさせられたのです。

その作家の話でことに印象深かったのが、「会社には出版社というのがあって、そこで働く編集者というのは面白い仕事だよ」という話でした。

私が出版社に就職したのには、そのときの記憶が強烈に残っていたからで、大学を出ると出版社しか受けませんでした。でも心のなかでは編集者になっても、いつかは「作家になりたい」という夢がありました。

私が高校を卒業する1年前、太宰治が玉川上水が入水自殺したと新聞で報じられました。そこに掲載された写真が、なんと！　あのときの作家の顔だったのです。そのときから、あの作家が太宰治であったと確信して、私は自分も作家になるという夢を育《はぐく》むことになったのです。

かなわなかった夢に、いまから挑戦する

太宰治らしき作家と出会ったことで、私は学生時代に同人誌を出して、そこに毎月、小説を書き続けていました。

でも20代の私は、小説家になる夢をあきらめることになります。編集者になったから、作家をあきらめたのではありません。編集者をしながらでも、小説は書いていこうと思っていました。

それをあきらめたのには、松本清張と五味康祐《やすすけ》という新進作家が、私の人生に登場したからです。

私が大学を卒業して、出版社に就職することが決まった年の1月に、この2人の作家は同時に芥川賞を受賞します。

その2作品を読んで、私は衝撃を受けました。

自分にはない新しい「才能」を、まざまざと見せつけられたのです。

松本清張といえば、いまでは、日本人ではその名を知らない人はいないくらいの大作家で、その作品はポピュラーなイメージがあるかもしれませんが、当時は、難しい題材を読みやすい文体で表すという、それまでの小説にはなかった斬新《ざんしん》さがありました。いや、いまでも初期の短篇小説には、輝きがあります。

その点では、五味康祐も同様でした。それどころか、初期の作品は松本清張以上だったといっても過言ではありません。当時の新潮社の取締役、斎藤十一氏は、三島由紀夫でも緊張し、震えたほどの辣腕《らつわん》編集者であり、小説の読み手でしたが、その彼が「天才」といったほどの作家でした。私は今でも、五味の芥川賞受賞作品『喪神《そうしん》』ほど美しい文章のものは他にはないと思っているほどです。

光文社という出版社に入った私は、現実に、この2人の作家に出会い、作品を書いていただくなかで、私は自分の才能に見切りをつけて、編集者として生きていくことを決めました。

夢には、残念ながら、「かなわない夢」もあるのです。

というよりも、「かなう夢」と「かなわない夢」があるとしたら、後者のほうが多いでしょう。少なくとも、たいていの人は、そう思い込んでいます。

たしかに、思うようにいかないのが人生です。

88歳になった私も、残念ながらそれは実感します。

でも、それは、「だから、あきらめるしかない」という話ではありません。

「思っていた以上のよいこと」も起きるのが人生です。

私は小説家にはなれませんでしたが、思い切って55歳で退職して独立した後は、ビジネス書や人生書、とくに女性向けの本を書くようになりました。

考えてみると、出版社に就職して30年は編集者として務め、独立してからの30年で２００冊の本を書きました。

20歳の頃に描いていた作家になりたいという夢は、かたちは変わったものの、60

歳以降に実現したともいえます。

それができたのは、やはり私が本というものを好きだったからだと思います。子どもの頃から、とくに世界文学、日本文学を読むことを楽しみ、また、さまざまなことを本から学びました。本に慰められ、本によって情熱をかきたてられました。

いま、本を書きたいという人はとても多く、私もそういう人のための講座を開いていますが、その受講生にいちばん伝えたいのは、「とにかく書いてみること」です。

作家になる、本を出版するという夢の前に、まずは「自分の思いを文章で表現する」という夢を果たすのです。

あなたには、どんな夢がありましたか?

自分の「やりたかったこと」「抱いていた夢」を思い出して、そのために今からでもできることを、始めてみませんか?

知らず識《し》らずに、あきらめてしまったこと

子どもの頃からの夢を、人はなぜあきらめてしまうのでしょうか。

それも、たいていは「あきらめる」ということをそれほど意識せず、夢を抱いていたことさえ、忘れてしまっていたりします。

「もとから、かなえられるわけがない夢だった」ということもあるかもしれません。「夢は、かなえられないから夢なんだ」という人もいるでしょう。

そう、たしかに現実は甘くないのです。

私自身、20代の頃の「小説家になりたい」という夢をあきらめないでいたら、もしかしたら編集者としても中途半端になって、いまのようにはなっていなかったかもしれません。

私は自分の才能に見切りをつけたから、いったんはあきらめましたが、そんなふうに見切りをつけないまでも、知らず識らずのうちに、夢のことは忘れてしまったという人もいるでしょう。

「いつか、海外に住みたい」

「いつか、会社を起こしたい」

「いつか、小説を書きたい」

そんなことを思いながら、いつのまにか60歳になってしまったのではありませんか。

20代は、社会人となって経験を積む時期です。

覚えることがたくさんあって、自分のやりたいことは、ひとまず、いまの仕事を覚えてから、ということにしてしまいがちです。

そのうちに、結婚したり、子どもができたり、あるいは責任ある仕事をまかされるようになったりして、夢は先延ばしになります。

ようやく40代になって、その余裕ができるかと思いきや、親が倒れたり、自分自身が病気になったりしてしまうこともあります。会社が潰《つぶ》れたり、吸収合併されてしまうような、不運に見舞われたりすることもあります。

どんなことにもタイミングというものがありますが、夢をかなえるタイミングというのは、よほど思い切らないと難しいのです。

たとえ、そのタイミングが来たとしても、家族や、そのときの仕事の状況で、抱いていた夢を捨てるしかなかったということもあるでしょう。

それほど、人生というのは、自分の思うようにはいかず、夢を実現するには忙しすぎるのです。

そして、あっという間に、年をとってしまうのです。

「まさか自分が60歳になるなんて思わなかった」という人がいましたが、同じように感じている人は多いでしょう。

そんなあなたに、私が自分の経験でいえることは、60歳以降の人生は、それまでの人生の倍速で過ぎ去っていくということです。

年をとると1日が長いという人がいます。

退職したり、子どもが巣立ってしまったりした後は、「することがない」などと思ってしまったら、それこそ、死ぬのを待つだけになってしまいます。もしも、それが30年続くとしたら、それこそ、そんな残酷なことはありません。

せっかく寿命が延びたのだから、それを楽しむことです。

人生の途中であきらめ、いつのまにか手放してしまった夢を、いまから拾いに行きましょう。

夢というほどのことでもない小さなことでも、いいのです。

「1人でバーのカウンターに座ってみたい」

「運転手付きの車に乗ってみたい」

「真っ赤なシャツを着てみたい」

若い頃にしてみたかったことを、一つずつ、やってみるのです。

運も夢も、じつはその辺に落ちている

「自分には運がない」という人がいます。

成功している人を見て、「あの人は運がいいから」という人もいます。

運のいい人、悪い人というのは、たしかにいます。

けれども、じつは、運がない人というのはいないと、私は思っています。

作家の五味康祐は芥川賞作家でしたが、観相学にも長《た》けていて、その著書『五味人相教室』『五味手相教室』は300万部を超えるミリオンセラーとなりました。

私は運命学を五味から学び、早稲田運命学研究会を主宰しています。

「運」というのは、その文字通り、「運ぶもの」「運ばれるもの」で、特定の人だけに与えられるようなものではありません。

運を示す言葉で「ラッキーセブン」というのがあります。「7」は幸運の数字だというものですが、もともとは1885年の、アメリカのプロ野球での優勝を決める試合に由来します。7回の攻撃のとき、ある選手の打った平凡なフライが、強風でホームランになったのです。

野球は「7回の攻撃」にチャンスがあるというものですが、どんな人にも、幸運の風が吹いて、チャンスはめぐってくるものと私は理解しています。

あなたもまた、例外ではありません。

私はよく「運は借りられる」ということをいうのですが、自分に運がないと思う人は、誰か運のある人から借りればいいのです。

なぜなら運は、人を通じて運ばれるものだからです。

運のいい人のそばにいれば、あなたの運はよくなります。

運が悪いという人が、どうして運がないかといえば、それは自分自身を動かしていないからです。

ただじっと待っているだけでは、幸運は舞い込んでこないのです。

でも、自分から、運をつかみたいと思って動くことで、運を拾えるようになります。


夢もまた、それと同じです。

「夢がない人」の夢がかなうことはありません。

夢を持つことで、夢はかなえられるのです。

運も夢も、じつは、あちこちに落ちています。

もっといえば、「青い鳥」ではありませんが、じつは、どちらもあなたの手のなかにあるのです。

私から見ると、それを自分から手放している人が多いのです。

前の章で、「私なんて！」という言葉は、自分のなかからなくさなければならないと書きました。

「私なんてムリ！」といった時点で、運も夢も捨ててしまっているのです。

夢をかなえたいと思ったら、自分の運を信じることです。

運のいい人間になりたいと思ったら、自分の夢を持つことです。

それなしに、手に入るものは何もありません。

「自分が願ったことは、必ずかなう」

「自分をサポートしてくれる人と出会える」

そう信じて行動すれば、夢はふくらみ、運はついてきます。

いまからでも遅くはない、というのは本当だ

「20代ならともかく、いまさら夢をかなえてどうなるんだ」

という人がいますが、私にいわせれば、

「いま夢をかなえないで、どうするんだ」

ということです。

あなたの人生、自分の人生は、何のためにあったのか。

それを知るために、いまからの人生を生きるのです。

もちろん、これまでの人生だけで、もう十分という人もいるかもしれません。

でも、人生はまだ終わりではないのです。

60代が平均寿命だったのは、はるか昔のことです。

少なくとも、「もう人生は終わったも同然」と考えるより、「まだ終わりじゃない」と考えるほうが、毎日が楽しく暮らせるのではありませんか。

寿命がいつまであるのかは、神のみぞ知ることです。

私だって88歳まで生きてきましたが、明日にも寿命が尽きるかもしれませんし、100歳まで軽く生きるかもしれません。

でも、その日が来るまでは、悔《く》いなく人生を過ごしたいものです。

「自分はそれほど長生きしない」という人がときどきいますが、そういう人に限って、長く生きてしまうものです。

60歳になることを意識したとき、私は自分の死も覚悟しましたが、まさか、こんなにも長生きするとは思いませんでした。

そして、この10年から20年で体験したことは、当時の私には信じられないことばかりです。

私が出版社を立ち上げたのは、82歳のときです。

22歳から出版界に身をおいてきたわけですが、まさか自分で出版社を起こすことになるとは思いませんでした。

それまでも、そのチャンスがなかったわけではありませんが、70歳も過ぎたら、いよいよ、もうそんなことはないと思っていたのです。

ところが、人生は面白いものです。

80歳を過ぎたところで、出版社をつくろうという話が持ち上がったのです。

曲がりなりにも一つの会社をつくるわけですから、責任もあります。

自分の年齢を考えたら、不安になって当然でしょう。断念する道もあったと思います。

けれども私は、それを躊躇《ちゅうちょ》することはありませんでした。

むしろ、自分の人生はいよいよ面白くなると思ったものです。

そう思えたのは、一緒に走る仲間がいたからです。

自分1人ならできないことも、仲間がいることでできるようになることがあります。

いま出版業界は、決して右肩上がりの業界ではありません。むしろ斜陽産業といわれるほど、厳しい状況が続いています。

そんななかで、82歳で出版社を立ち上げるなど、無謀といってもいいほどですが、自分の人生で、「出版社をつくる」という、それまでは思ってもいなかったような夢をかなえるのも、悪くはないと考えたのです。

そうしてスタートした会社「きずな出版」は、私が88歳の今、創業6年を迎えました。

この6年で私が知り合った人たちは数えきれません。

60歳を過ぎると、じつは出会う人の数は激減します。

運は人が運んでくるものといいますが、普通であれば、その機会も失われていくわけです。

ところが、いま私のまわりには若い作家たちがたくさんいます。私が若々しくいられるのは、彼らのおかげであることは、いうまでもありません。

82歳のとき、「いまさら出版社を立ち上げてどうするんだ」と考えていたら、私は今よりもずっと老《ふ》け込んでいたかもしれません。なぜなら、人と会う機会は、いまよりずっと少なくなっていたと思いますし、そうなれば、新しいつき合いの始まるチャンスもないからです。むしろ、もう死んでいたかもしれません。

何歳になっても、「いまさら」などと考えてはダメだと思うのです。ましてや、まだ60歳を過ぎたくらいなら、なおさらです。

人生100年時代、時間はまだまだ残されている

しばらく前なら長生きしても80歳くらいまで。それまでの老後を考えておけばよかったのが、寿命が延びて、80歳以降の人生についても、真剣に考えなければならなくなりました。

それをラッキーと感じる人もいれば、アンラッキーと感じる人もいるでしょう。ラッキーだと感じる人は、いまの人生を楽しんでいる人です。

アンラッキーと感じる人は、「もういいかげんに死なせてくれ」と思っているのでしょう。健康面や経済面で不安がある場合には、そんなふうに思うのも理解できます。

とくに男性の場合は、会社を辞めて仕事をしなくなると、「出かける場所がな

い」「会える人がいない」ということがあります。男性は外に出る機会がなくなると、早く衰えるのです。女性は反対に元気になって、友人たちと連れだって、外に出て行く機会が増える人が多いようです。

私の会社は東京の神楽坂にありますが、ランチ時など、それと思《おぼ》しき女性たちのグループで賑《にぎ》わっています。みなさん若々しく、楽しそうな様子を私は微笑ましく思います。

せっかくの人生100年時代です。「もう終わり」と考えれば、からだも、それに合わせて老け込んでいきます。

60歳というのは、「若々しい人」と「老け込んでしまう人」の分かれ目といっても過言ではありません。どうせ生きているなら、若々しく、毎日を楽しむほうが、絶対に得です。

あなたが私の年になるまでには、まだ30年もあるわけです。

それだけの時間があれば、たいていのことができます。

仕事でも趣味でも、1つのことを10年続けたらプロになれるといいます。

いまは未経験なことでも、いまから始めれば10年で、その道のプロになれます。

10年後には、いまは思ってもみないような人生が始まっているかもしれません。あなたのなかには、「未見《みけん》の我（まだ見ていない自分自身）」が生きているはずなのです。

あなたがこれから生きていくのは、そんな10年です。

60歳以降は老後ではなく、第2の人生です。

昔から退職後は「第2の人生」といわれていましたが、その期間がぐっと延びているのです。

それを厄介だと思うのではなく、幸運と思って臨《のぞ》むことです。

人生はやり直しがきかないといわれたのは、過去のことです。

あなたの人生は、いまから、いくらでもやり直しがききます。

ところで私は、80歳のときに、80代になることを拒否して、「79＋1歳」ということにしていました。以来、「79＋2歳」「79＋3歳」と年を重ね、88歳の今は「79＋9歳」としています。実際に、私はそう表記した名刺をつくり、使ってきました。

なぜ、そんなことにしたかといえば、80代になると、それこそ老人になったような気持ちになるので、それを避けたかったということがあります。

もう一つの理由としては、私が生まれた1931（昭和6）年生まれの日本人男性の平均年齢が79歳だったところから、それ以降はオマケの人生と思って楽しもう、という心が働いていました。

でも、人生100年時代には、もう80代にこだわる必要もありません。それで来年からは、「989歳」ということにしようかと考えています。

こうすると、1000歳までは楽々いけそうな気がしませんか？

残された時間がどれだけあるのかわかりませんが、まだまだやりたいことは尽きません。

『サイボーグ時代』（きずな出版刊）の著者である吉藤オリィさんは、分身ロボット「OriHime」の開発者ですが、私はそのことを知って、この「OriHime」に自分の分身になってほしいと思うようになりました。

分身ロボットは、子育てや単身赴任、入院などをするときに、距離や身体的問題によって行きたいところに行けない人のために、もう1つの身体となってくれるのです。

いまの私は健康で、会社にも毎日出社していますし、出張にも旅行にも出かけていきます。立ったままの数時間の講演も、いまのところは苦になりません。

けれども、ロボットと共生する社会は、もう始まっていることを実感しました。

人は、新しいことを知った分だけ、新しい夢が生まれます。

残された時間があるなら、新たな夢も抱くことも、また、それをかなえることもできるでしょう。

あなたにも、それをあきらめてほしくないのです。

第3章

大きなお金を夢見るより、少しでも自分で稼ぎなさい

夢を持つことと、夢を見ることは違う

第1章、第2章では、60歳からは自分のために生きよう、夢を持って、それを実現させようという話をしてきました。

自分のやりたいことを見つけ、夢を持つのは大切なことです。

でも、それが「妄想《もうそう》」になってしまう人がいます。

「妄想」と「夢」は違います。

「夢」には行動が伴います。

夢を持ったら、それを実現するには何をするのか、ということが大事だと思います。ただ、「〇〇になったらいいなあ」と思うのは、眠ったときに見る夢と同じで、それだけでは何も変わりません。

「妄想」というのは、もともとは仏教の言葉で、「真実でないものを真実だと誤って考えること」をいいます。

何の根拠もないのに、確信を持ってしまうのです。

私は、妄想すること自体は、悪いものだとは思いません。

根拠のない自信が、思わぬ力を引き出すこともあると知っているからです。

ただし、そこには、やはり「行動」がなければダメなのです。

禅の用語に「莫妄想《まくもうぞう》」という言葉があります。

「妄想を断ち切れ」という意味ですが、生死、善悪、勝負などにこだわることなく、やり抜け、ということです。

逆にいえば、行動がなければ、妄想は夢のままとなります。

たとえば、「ベストセラー作家になりたい」「本を出すのが夢です」という人が、私のまわりにもいます。

それで、どんな原稿を書いているのかと聞くと、

「まだ書いていません」

「これから書きます」

という人が圧倒的に多いのです。

なかには、「依頼していただいたら書きます」という人もいて、びっくりさせられますが、何の実績もなく、まだ1冊も出版していない人に依頼が来ることはないでしょう。

本を出版したいと思うなら、まずは、そのための原稿を書かないことには始まりません。もちろん、ライターに協力してもらうなどすれば、いまは自分で書かなくても、本が出せる時代です。

でも、それなら、本を出せるだけの体験や実績が必要になります。それもなくて、ただ本を出したいというのでは、「妄想」に終わってしまいます。

夢は、ただ見ているだけでは、何も変わっていきません。

「夢」はしっかりと抱いて、その手につかまなければ、かなうことはないのです。

ただ自分1人で思っているだけなら、夢でも妄想でも構いませんが、それにお金をかけるとなると、家族にも関わってきます。

退職金で、「自分の店を持つ」という夢をかなえたいという人がいました。

それは素晴らしいことですが、残念ながら、それが絶対に成功するという保証はありません。

少なくとも、思いつきで始めるようなことがあってはなりません。

家族とも話し合い、理解してもらうことが大切です。

理解してもらえるような関係を築いておくということも、それ以上に大事なことです。

20歳の頃なら、自分の夢のためにお金や時間を費やすこともいいでしょう。

でも、60歳の今、それをしてしまうのはどうでしょうか?

人生100年時代となって、残されている時間はまだまだ長いと、前で書きましたが、稼げるお金と時間は限られています。

夢のための投資は、ある程度は必要かもしれませんが、老後の蓄えのほとんどを、それに費やしてしまうのは危険です。

そんなことは、第三者であれば誰でもわかることですが、人は自分のことになると、信じられないほど楽観的に行動してしまうことがあります。

本の出版の話であれば、自分が本を出したらベストセラーになると本気で信じてしまうのです。

これが妄想です。

60歳からの生き方で大切なのは、お金の使い方です。

これを誤ってしまうと、幸せなはずの30年が思わぬことにもなりかねません。この章では、これについて書いてみたいと思います。

自分で食べていかれる力を見直そう

60歳からは、いかに定期収入を稼ぐかが大事になります。

高年齢者雇用安定法が改正されて、定年退職の年齢の引き上げや、継続雇用制度の導入、また定年制の廃止など、「高年齢者」が年金受給開始年齢に達するまでのあいだ、働き続けやすい環境をつくることが企業に義務づけられています。

それでも、実際に、その恩恵を受けられる人は、そう多くはいないでしょう。

定年の廃止で、逆に、これまでよりも退職時期が早まったという人もいるかもしれません。それだけ、企業側も余裕がないということです。

会社員であれば、毎月の給与が払い込まれます。

この毎月の入金がなくなってしまうとなったら、どうして暮らしていけばいいのか。それこそ、夢どころではないでしょう。

ここで、あらためて、

「いまの会社を辞めても、食べていくことができるか」

「毎月の定期収入を確保するために、自分には何ができるのか」

ということを考えてみましょう。

まずは、自分1人が、あるいは数人の家族が1ヶ月過ごすには、最低いくらのお金が必要かを把握《はあく》することです。

家賃やローンの支払いもなく、文字通り食べるだけなら、夫婦2人で7〜8万円で暮らしていけるでしょう。地域や環境によっては、もっと少なくてもいいかもしれません。自分1人だけとなると、その半分にはなりませんが、稼がなくてはいけない額は減るでしょう。

ただそれでも、それだけのお金を、どうやって稼ぐかということです。

作家の有川真由美さんは『働く女《ひと》のお金のルール』(きずな出版刊)で、老後のためのお金を貯えるより、60歳以後、毎月10万円稼げる自分になっておくことが大事だと提言されています。

まったくその通りで、預貯金を切り崩してしまうのは、60歳、いや60代でも早すぎます。

それをするのは、70代、80代になってから。そうしなければ、せっかくの預貯金も、寿命が来る前に尽きてしまうかもしれません。私の友人たちの多くは、70代で生活費が尽きてしまい、それが死期を早めてしまいました。

では、どうやって稼ぐのか。

自分は、何であれば稼ぐことができるのか。

このことをしっかり考えておきましょう。

定年後の再就職先を考える

定年退職後、60歳を過ぎたら、再就職の道はあるでしょうか。

いままでの会社に再雇用してもらうのがいちばん安心かもしれませんが、収入は激減します。また人間関係も変わっていきます。

再雇用の場合は、それまでと同じ部署に配属されるとは限りません。慣れない仕事をやらなければならなくなるかもしれません。

こうした変化は、60歳を過ぎると、案外つらいものです。

でも、もうあなたは「還暦」で生まれ変わったのです。

初心にかえって、むしろ「新しい環境」を楽しむのもいいでしょう。

定年後の再就職で人気があるのは、清掃や製造、ビル警備やマンション管理などが挙げられます。経験がなくても採用されやすいというのが人気の理由だそうですが、私も55歳で退職して、どうしても仕事がなくなったら、ビルの夜警をやろうと覚悟していました。

どうして、ビルの夜警かといえば、私は夜遅くまで起きていることに慣れていたからです。

人には朝型と夜型がいますが、夜遅くまで起きていても苦にならないというのは、じつは素晴らしい特技です。昼間より夜間に働くほうが高給を得やすいからです。

私は、週刊誌の編集長時代から、寝るのは朝の5時、起きるのは午前10時という生活を40年近く続けてきました。「櫻井は寝なくても大丈夫」といわれた特技で、「女性自身」編集長に抜擢《ばってき》されたという実績（?）もあります。だから、夜遅くまで起きていることには自信があったのです。

警備会社「セコム」の創始者、飯田亮《まこと》さんに、その話をしたら笑っていましたが、私は本気で、そう思っていました。

雑誌の編集長という仕事は、どんなことに巻き込まれるかわかりません。私は何度も東京地検特捜部や警視庁に、名誉毀損《きそん》などで呼び出されています。

他の人から見れば恵まれて見えることはあるでしょうし、実際に恵まれていたと思いますが、事件の結果によっては、いつ辞めてもいい覚悟は常にありました。

夜警の仕事だって、そう甘いものではないでしょう。私はその仕事を甘く見ていたわけではありません。それまでの生活環境に合わせて、自分にできることを考えたのです。

それに、どんな仕事に就いても、その働きぶりを誰かが見ているものです。

作家の中谷彰宏さんは、もしも仕事がなくなったらラーメン店で、1ヶ月無給で働くといっていました。そうして働けば、彼には、3ヶ月後には店長になれる自信があるというのです。

まさに、中谷さんなら、それは夢ではないと私は思います。

いまの60歳は、老人には見えません。実際、老人ではありません。40代、50代に負けていない人がたくさんいます。

私から見れば、まだまだ若く、定年とはほど遠い印象の人ばかりです。

でも現実には、60歳以降の再就職は、その年齢だけでハネられてしまうことが多いでしょう。これは仕方ありません。

相手は、あなたのことを知らないのです。

だから、まずは働いて、自分を知ってもらうことです。

そうすれば、見てくれている人が必ずいます。

大抜擢を受けることもあるかもしれません。

そんな働き方をしてほしいし、それができるあなたであれば、たとえ大抜擢はなくても、60歳からも、やりがいのある仕事に就けるはずです。

預貯金を切り崩していくだけでは、破綻は見えている

60歳から預貯金を切り崩してしまうのは早すぎる、ということを前で書きましたが、1ヶ月にかかる生活費が8万円としても、1年でおよそ100万円。60歳で退職して、65歳で年金を受け取るまでの5年間では、500万円のお金が必要になります。

「それくらいなら、何とかなる」という人は多いかもしれません。

個人年金に加入したりして、老後に困らないよう準備をしてきた人もいるでしょう。

それでも年をとって思うのは、預貯金がただ減っていくだけの生活というのは、不安になるものです。

ましてや、500万円というお金は、病気にもかからず、ケガもしない、ということが前提です。加えて、住む家があり、家賃の心配がない場合に限ります。

ここに家賃が加わればどうでしょうか。

数年に一度は更新の手続きがあり、「高齢者」という理由で、更新ができないこともないとはいえません。

持ち家なら安心かといえば、固定資産税が毎年かかってきます。それに少しずつ古くなると、修理代もかかってきます。

とても500万円では、老後の安心は買えないというわけです。

だから、自分で少しでも多く、稼ぐことが大事なのです。

実際に稼がなければならないということではありません。

何とかなるうちは、それでいいのです。

でも、いざというときには「いつでも自分で稼ぐことができる」と思えるようにしておくことです。

60代を間近に、転職するという人がいました。

再就職先は決まっていないとのことで、私は心配になりましたが、本人は人脈をあてにして、何とかなると思っているようでした。

たしかに、人生は何とかなるものです。いえ、何とかなってきたのです。だから、これからも何とかなると楽観的なのでしょう。

しかし何ともならないで、コンビニでおにぎりを盗み、警察のお世話になる人もいるのです。いや本人は刑務所に入ったほうが食うに困らないとさえ思っています。

いまの60代は見た目も気持ちも若いのですが、独身でいる人は、とくにその傾向が強いようです。

これはいいことでもありますが、自分の実年齢を受け入れられていない、ということでもあります。

30代、40代の頃の自分と、「たいして変わっていない」と思っているのですが、現実に転職活動をしたら、その厳しさに愕然《がくぜん》とすることがあるかもしれません。

「若々しい」というのは、本当の「若さ」とは違います。

88歳の私から見れば若い人であっても、30代の人から見れば、「自分の親と同じ世代」なのです。

いまの60歳は、イキイキとした若さで溢《あふ》れています。あとの第5章でお話ししますが、恋愛においても現役で、自分の年齢を忘れている、という人も多いでしょう。

しかし、就職、転職、失職などの仕事にからんだ話となると、60歳は社会的にも「定年」の時期なのです。

お金のことを考えるときには、そうした自分の実年齢の現実も知っておくことが大切です。そのときになって慌《あわ》てるのでは、遅いのです。

60歳を過ぎると贅沢は必要なくなる

いま欲しいものはありますか？

若いときには、欲しい欲しくないにかかわらず、そのつど必要なものが出てきて、それを買わなければならない、ということがあったでしょう。

けれども、60歳にもなれば、たいていのものは持っているのではないでしょうか。

少々型は古くなっても、持っているもので、とりあえず用は足りている。むしろ、ものがありすぎて困っているという人のほうが多いかもしれません。

「買いたいものがなくなってきました」という女性がいましたが、60歳近くになったら、新しいものはほとんど必要なくなります。

家計で大きな支出といえば、交際費があります。

冠婚葬祭のご祝儀《しゅうぎ》は、意外に大きな負担になりますが、子どもの数も減り、孫の数も減り、単身世帯が増えている都会では、それを出すことも少なくなっていくでしょう。

旅行や遊び、美容や健康にかかるお金は、きりがありませんが、自分らしい生活ができていれば、かかる費用もそれなりにおさえられているでしょう。

つまり、見栄のためにお金を使うことはなくなります。

自分をよく見せるためのお金は必要でなくなり、自分にとって、本当に必要なものにお金をかけられるのです。

不思議なもので、年を重ねると、贅沢は必要なくなります。

高価なバッグや靴より、持ちやすいバッグ、歩きやすい靴のほうがよくなるのです。

私自身も、60歳くらいから、選ぶ靴が変わってきました。

ブランド品より、歩きやすいものを選ぶようになりました。

若い頃には、こちらから訪問することが多いので、高級といわれるような靴も履《は》いていましたが、高級な革靴は基本的に重いのです。しかし今の年齢になると、ふだんは合皮でも軽いほうが歩きやすく、ついそればかりを履いてしまいます。靴を脱ぐ料亭に行くことがなくなると、それで十分です。

高いものが欲しいというのは、せいぜい50代前半まで。60歳が近くなったら、選ぶ基準は、値段ではなく、自分の価値基準になっていきます。

ただし、お金をかけないほうがいいという話ではありません。

お金をかけるなら、自分が心地よい使い方をすればいい、ということです。

お金がある、お金がない、それによって、私たちは振りまわされてしまうことが多いものです。

でも、ようやく、お金と対等につき合っていけるようになるのが、60代から、ともいえるのではないでしょうか。

ただし、ここが重要ですが、見た目がみすぼらしいと、幸運は逃げていきます。

仕事にしても、老け込んだファッション、いまの時代に合わない服装の人には、不思議なことに、いい職種はまわってきません。

できるだけ現代的な装いや態度、言葉づかいをすることです。

別に横柄《おうへい》にしろ、かっこをつけろというのではありません。

会社員のときにはスーツだった人が、退職した途端にジャンパーしか着ないと、いかにも「退職しました」という感じになります。

50代までの自分と、60代の自分が別人のような姿にならないよう、気をつけましょう。

第4章

病気にならない常識は、思い切って捨ててみなさい

60歳になったら、70歳になる自分を意識する

60代の声を聞くと、自分の健康に不安を持つようになります。その理由の1つには、親の姿が自分に重なってくるからです。ふと鏡を見たとき、あるいは自分の写真を見たときに、親にそっくりになってきた自分に気がつくことがあります。

「自分も年をとったなあ」と思うのは、そんなときではないでしょうか。60歳になれば、ほとんどの親は80歳を過ぎています。すでに亡くなっているという人も多いでしょう。

その親が60歳の頃、70歳の頃を思い出して、自分の健康に対する心配が急に現実化してくるのです。

でも、親が認知症になったから、自分もそうなるとは限りません。逆に親が病気にならなかったからといって、病気にならないとも限らないのです。

私の父は、私が2歳のとき肺炎で亡くなりましたが、私のきょうだいで父と同じ病気になった者はいませんでした。

私は、どちらかといえば、からだの弱い子どもでしたが、大人になってからは丈夫になり、自分では、健康に気を配るということはほとんどありませんでした。それどころか、週刊誌の編集者の生活は不規則で、酒席も多く、また昔は周囲の喫煙率も高かったと思います。不健康極まりない生活だったといっても過言ではありません。

私は比較的酒も弱く、煙草《たばこ》も吸いませんでしたが、睡眠時間は短く、運動する時間などはなく、食事は昼なら15分で済ませるような早食いです。私の若い頃は昭和の高度成長期の真っ最中ですから、編集者でなくても、いまほど健康を気づかう風潮はありませんでした。

それでも大きな病気もせずに88歳の今日まで来られたのは、もしかしたら、脚力が強かったからではないかと思っています。

私は昔から、歩くことが苦になりませんでした。編集者は歩いてなんぼの職業です。取材とは歩くことです。

88歳の今も、毎朝、会社までは電車を使って通っています。

帰りはタクシーを使うことも多いですが、それは周囲に心配をかけないためにしていることで、私自身は、むしろもっと歩きたいほどです。

私の「運命学」では、人生を若年期、中年期、老年期の3つに分けて、

（1）若年期——頭を使う
（2）中年期——内臓を使う
（3）老年期——足腰を使う

という考え方があります。

「若年期」というのは子ども時代から20代くらいまでで、頭を使うとは、つまり

「勉強しなさい」ということです。

「中年期」というのはほぼ50代までで、「内臓の病気に気をつけなさい」ということです。

そして、60歳以降の「老年期」になったら、「歩きなさい」ということです。

これが健康の秘訣となります。

歩くためには外に出ることになるので、ただ足を使うだけでなく、人と会い、話す機会をつくることができます。

70歳を過ぎると、歩くのが億劫《おっくう》になることがあります。歩くことが好きな私でも、そういう日がないわけではありません。

だから、60代のうちに歩いておくことです。

そうして足腰を鍛えることが、70代以降の健康につながっていくように思います。

からだにいいことは、やめてしまおう

いまや健康に関する情報は、テレビや雑誌、書籍、インターネットなどを通じて私たちのもとに届けられます。

「からだにいい」といわれると、それをしないと不健康になってしまうような気持ちになったりします。

それが高じて、いつのまにか健康本といわれる書籍がうずたかく積まれ、キッチンにはさまざまな調味料が並び、飲みかけのサプリメントがあちこちに置かれている――なんてことになっていませんか？

60歳を過ぎたら、何よりの財産は健康です。

健康でなければ、いくらお金があっても、何の意味もありません。

やりたいことがあっても、からだがそれを許してくれないのです。

そんな残念なことはありません。

だから健康に気をつけて、そのための投資をすることは、絶対必要です。

けれども、そのことに振りまわされすぎてしまっては、かえって健康によくないということもあります。

たとえばサプリメントの摂りすぎは、注意が必要なようです。

「サプリメント」とは、「それを加えることで完全になること」という意味で、通常の食事だけでは摂りにくい栄養素を、それによって補うものです。

でも、組み合わせや量によって、栄養過多になったり、逆に必要な栄養を取り除いてしまったりということがあるのです。

せっかくのサプリメントの効果が逆に出てしまうわけです。

サプリメントに限らず、からだにいいはずのことが、じつはそれほどの効果はなかったということがあります。

それで私は、60歳になったら、いっそ、からだにいいことはやめてしまうのがいいと思っています。

不健康になってもいいというわけではありませんが、健康であることの本来の目的を優先させることのほうが大切ではないでしょうか。

健康であることの目的は、人生を楽しむということです。

そのために、元気である必要があります。

人生の楽しみには、食べることもあります。

私は天ぷらが好きで、食べることはもちろん、家族や友人たちに自分で揚げて振る舞うことがあります。

ふだん料理はほとんどしませんが、この天ぷらだけは別なのです。

まだ文芸誌の編集者だった20代の頃のことですが、作家の檀一雄《だんかずお》先生の原稿をいただきに、東京・お茶の水の、山の上ホテルによく通っていました。けれども原稿はできていなくて、檀先生から、毎回のようにホテルのなかにある「天ぷらの店で待っていなさい」といわれていたのです。その店は天ぷらの名店ですが、そこで、時間がたっぷりある私は、店主直伝で天ぷらの揚げ方を教わったのです。

それはともかく、いまはダイエットのため、天ぷらの衣をむいて食べる人がいると聞きます。それでは天ぷらの味は半減してしまいます。

体重を調整することは悪いことではありませんが、60歳になったら、それよりも、食事を楽しむということを優先してもいいのではないでしょうか。

好きなものを食べられる、というのは幸せなことです。

食べすぎれば、それはよくないことですが、よくできたもので、60歳を過ぎると、どんな大食漢でも、食べる量は減ります。

だからこそ、あえて、からだにいいことはやめる、としても大丈夫なように思うのです。現実に私は、栄養剤やサプリメントは一切、口にしていません。

ゆっくり寝るのは死んでからでいい

「退職したら、ゆっくり眠りたい」

という人は多いようです。

それだけ、いまが寝不足だということでしょう。

通勤時間が長ければ長いほど、寝られる時間は短くなります。

そして、そんな生活は不健康だと考え、老後の快適な睡眠を夢見るわけです。

たしかに「快適な睡眠」というのは大切かもしれませんが、それと「睡眠時間」は別物だと私は思っています。

拙著『寝たら死ぬ！　頭が死ぬ！』（きずな出版刊）は、「短眠」をすすめたものので、私は睡眠時間が長い人ほど、早く死んでしまうと思っています。

年をとると、眠りが浅くなります。ちょっとしたことでも目覚めてしまい、昔から、おじいさんとおばあさんは早寝早起きと決まっています。

私にいわせれば、早寝早起きをしているから、眠りが浅くなるのです。

夜になったからといって、寝る必要はありません。

寝るのは「何時だから」ではなく、「疲れてから」でいいのです。

自然と眠くなるまでは、起きていることです。そのほうが足を使いますし、会話も楽しめます。

子どもの頃、遠足や旅行の前日には、なかなか眠れないということがあったでしょう。人は、楽しいことがあると眠れなくなるのです。

いつのまにか、嬉しくて眠れないということが、なくなってしまったのではないでしょうか。スマホを使って、友達を大勢広げてみませんか？　その人たちと会って、会話を楽しむのはどうでしょう。そして、旅行に行くとか、読書会を開くとか、眠れなくなるような楽しいことを計画してみましょう。

いまの60代は、おじいさん、おばあさんになるには早すぎるのです。寝てる場合ではありません。

欧米にはホームパーティの習慣があり、日本でも、若い人たちのあいだでは少しずつ広まっているようです。

気のおけない仲間と、時間を気にせず会話を楽しむなんて、素敵だと思いませんか？

「そんなことは若い人たちのすること」と決めつけてはいけません。

60歳になったら、若い人たちのすることを積極的に試してみることです。若い人たちと、まだそれほどの違いはありません。若さも情報量も、たっぷりあるのです。

それが若さをつくり、そのあとには心地よい疲れが訪れ、「快適な睡眠」をもたらしてくれるはずです。

自分のからだを酷使《こくし》してみる

「自分のからだを痛めつけなさい」というのは、私の母の口ぐせのような教えでしたが、いま、60歳のあなたにも、それをオススメしたいと思います。

母の教えは、子どもの私に、「楽をしようと思わないで働きなさい」というもので、明治生まれの厳しい生き方であり、昭和の子どもの育て方でした。

いまは、そんなふうに子どもに教える親はいないでしょう。

からだを痛めつけるようなムリはしない、というのが、平成、令和の生き方でしょう。

けれども、60歳になったら、少しムリをするほうが、人生は楽しいと私は思います。

つい最近のことですが、私と友人のオンラインサロンの合同企画で、バーベキュー大会がありました。

オンラインサロンというのは、会員制のコミュニティサービスのことで、ネットを通じて、その主宰者と交流できるというものです。

このバーベキュー大会は、いくつかのオンラインサロンとの合同で企画され、それぞれの会員が一堂に会したというわけです。

参加者は20代から最高齢の私まで、年齢も職業もさまざまです。家族で参加してくれた人もいたので、子どももいました。

年をとると、自分とは違う世代、違う職業の人と会うのは、億劫になりがちです。じつのところ、私もこのバーベキュー大会に行くのは、ちょっと気が引けていたところがありました。

けれども思い切って行ってみて、いつもとは違った新鮮な時間を過ごさせてもらいました。

参加者メンバーは、顔なじみの人もいれば、初めて会った人もいます。

講演会では、そういう状況は当たり前なのですが、その日は場所がバーベキュースポットですから、いつもと見える景色が違いました。

私は、この「いつもと違う景色」に身をおくことが、一番の若返りにつながると思っています。

つき合っている人たちも異人種、異世代、異性など、自分と異なる人たちであれば、話の内容も違ってきます。だから若さが甦《よみがえ》るのでしょう。

60歳を過ぎると、飲みに行くのも、同じような店を選びがちです。

そのほうが楽だからです。

いつもと違う場所は疲れますが、それだからこそ面白いし、しわも伸びていくのです。いや、それよりも新しい仕事のヒントも得られますし、実際ビジネスを頼まれることもあるほどです。

年齢を「できない言い訳」にしない

「もう60歳だから……」

「60歳にもなって……」

こうした台詞《せりふ》につながるのは、

「そんなことはできない」

という否定の言葉です。

そう決めてしまって、本当によいのでしょうか。

私は自分の60歳をふり返って、当時の自分の若さを取り戻すことができるなら、
何でもしたいという気持ちになります。

あなたが「年だからできない」というなら、私のからだと交換してほしいくら

いです。

「60歳」は、「もう年だから」という年齢ではありません。

危ないこと、健康に悪いことは、しないに越したことはありませんが、安全な場所で何もしないでいるより、少しの危険を冒《おか》してでも、「やってみる」ところに価値があります。運命とは、そういうものではないでしょうか？

あなたが「できない」と思っていることは、じつはあなたが「しない」だけで、本当は、「できる」ことなのです。

子どもは宿題をしない言い訳をいろいろ考えますが、あなたの「できない言い訳」も、それと同じかもしれません。

どんなに健康に気を配っていても、病気になることはあります。

人生は、そんなふうに理不尽なのです。

何も悪いことをしていないのに、不運に見舞われることだってあるのです。

60年も生きてきたあなたなら、そのことを知っているはずです。なぜなら、自分自身や、まわりの人にも、その体験があるはずです。
だとしたら、健康のためにしていることを、ちょっとゆるめてみませんか。
できないと思っていたことに、ちょっとチャレンジしてみませんか。
そのほうが、人生は面白くなっていくし、明るくなっていく。
あなたには、そのこともわかっているのではないでしょうか。

第5章

恋愛においてこそ、生涯現役を通しなさい

運命の人は、いまや1人には絞りきれない

いまの20代、30代は恋愛をしなくなったといわれます。

実際に恋愛経験がない、いまは恋人がいないという人が全体の半数近くいるそうですが、かといって恋愛したくないかといえば、そんなことはないでしょう。

「この人なら」という人に出会えたら、やはりつき合いたいと思っているはずです。

あなたは、どうでしょうか？

「60歳になったので、もう恋愛は卒業しました」

「結婚していますから、恋愛なんてできるわけがありません」

そういう人が多いのではないでしょうか。

その反対に、

「じつは、好きな人がいます」

「秘密の恋人がいます」

という人もいるでしょう。

私は、60歳になったら、積極的につき合うのがいいと思っています。

これまで恋愛の指南書といえるものを50冊以上は書いてきましたが、そこで伝えてきたことに、「運命の人は1人じゃない」というのがあります。

こういうと、「何度も結婚していいということですか」と聞かれますが、誤解を恐れずにいうなら、恋愛と結婚は別の話です。

「運命の人」とは、どんな人でしょうか。

その人は、あなたの運命を変えていく存在です。

その人は、言葉を交わさなくても理解し合える存在です。

その人は、一緒にいると話が尽きない存在です。

その人は、一緒にいると運が開けていく存在です。

その人は、よきライバルともいえる存在です。

ある人にとっては、運命の人は、結婚相手かもしれません。

それは素晴らしいことですが、もう一度繰り返していうなら、「運命の人」は1人とは限らないのです。また異性とも限りませんし、年上、年下の縛《しば》りもありません。

結婚相手とうまくいっていたとしても、運命の人は現れます。

もっというなら、運命の人が恋愛対象とは限りません。

ビジネス上の運命の人もいれば、人生を渡るうえでの運命の人もいるはずです。

メンターやライバル、親友だって、「運命の人」です。

私たちの人生は、この運命の人を求める旅といっても過言ではありません。

人は1人では生きられません。

とはいえ、年中2人以上の人といたら、苦痛になるでしょう。

なぜなら、話を交《か》わさなければ、意思の疎通《そつう》ができないからです。しかし私たちはできれば、わかり合える1人の仲間が欲しいのです。

あなたも、言葉を交わさなくても理解し合えるような身近な存在を、常に求めてきたのではないでしょうか。

そして、その運命の人を求めることを、60歳になったからといって、やめる必要はないのです。

むしろ、いまから、その人を探すべきです。

自分のための時間もお金も使えるようになる新出発の60代こそ、新たな運命の人が必要だともいえます。

人は変わっていきます。20代にベストだと思った人が、60代になってもベストであるとは限りません。ある部分ではベストな関係でも、違う部分では、ベストな相手は別にいるということだってあるのです。それは、あなたがそれだけ大きくなった証明かもしれません。

男女の関係でいえば、セックスについての考え方は、年齢によって変わっていきます。年を重ねるうちに、気持ちもからだも、そこから遠のいてしまう人もいれば、ますます、その結びつきを大事に思う人もいます。

「愛していても、セックスはしたくはない」ということだってあるかもしれませんし、その逆もあるということです。

そして、恋愛は、相手を尊重することです。

寿命が延びた分、「運命の人」を1人に絞りきるのは、いよいよ難しくなったと私は思っています。

そのことに罪悪感を持つのではなく、積極的に新しいつき合いのできる人を見つけ、恋をしていきましょう。

恋愛を降りたところから、人生はくすんでいく

あなたも思い切って、積極的に恋愛をしてはどうでしょうか。というのは、恋愛する気持ちが、「若々しさ」を生むからです。

20代、30代の頃、好きな人ができて、その人に会えると思っただけでウキウキしたことを思い出してください。

いまでも、そんな気持ちになることはありませんか？

「恋している」と意識しなくても、考えただけで楽しくなるようなことがあったら、あなたは、その人、あるいはそのことに、愛を感じているのです。

もちろん恋愛というのは、しないでもすむものです。

もしかしたら、あなたも長らく、恋愛というものから、遠ざかっているかもし

れません。いや、そういう男女がほとんどでしょう。しかし、ここで老いていたら、もうたやすく若さを取り戻すことはできません。それは不可能、といってもいいでしょう。

そこで、60歳になったら、いや正確には60歳でなくても、57歳でも64歳でも、そんな自分を見直しましょう。

「生涯現役」とは仕事の世界のことだけではありません。私は常にそう思って、人生を渡ってきました。

男女のつき合いにおいてこそ、「生涯現役」であるべきです。

恋愛を降りたところから、人生はくすんでいきます。

くすんだ人生を送るなんて、つまらないではありませんか。

そういう人は、下手をすると生きていくのが苦痛になってしまいます。

とはいうものの、異性からしばらく遠ざかってしまうと、恋愛をしていないことが普通になってしまって、今度はしようにも、どうしていいかわからない、という人もいるでしょう。そういう人は、自分以外のものに関心を持つことが減っている可能性があります。

「この人は、どんな人だろう？」と相手に関心を持つところから、人間関係は始まります。そして、「この人は、こんなに素敵な人なんだ」と好感を持ったところで、恋愛が始まります。

しかし、自分が愛を感じても、相手が同じ気持ちになってくれるとは限りません。相思相愛になるのが、そう簡単ではないのは、20代、30代の頃に経験したことではありませんか。

けれども、人は、自分を好きだという異性には、好感を持つものです。

それに、同世代であれば、相手だって、あなたと同じように、恋愛をしたいと思っています。少なくとも、好感を持たれたら悪い気はしないでしょう。

20代、30代のときには、恋愛すれば100パーセントの気持ちで、相手に応《こた》えなければならなかったのが、大人になるほど、そのパーセンテージは下がってきます。

60歳にもなれば、40パーセントくらいの気持ちでも、十分に恋愛をすることが可能です。つまり、それほどの覚悟がなくても、相手の気持ちに応えられるということです。

60歳からの恋愛は、毎日会ったり、1日に何度もメールしたり、電話したりする必要はありません。その点は、若い時代の恋愛と違って当然です。笑顔の交換だけでも、互いに満足できるのです。

激しいセックスがなくても、ときどき会って握手やハグするだけで満たされた気持ちを味わえます。それくらいならできる、と思いませんか？

それに私の経験では、60歳を超えると、男性も女性も表情が硬くなり、笑顔が少なくなっていきます。

この笑顔を取り戻しましょう。

そう思えたら、さっそく恋愛の相手を探しにいきましょう。

誰かと話をすることで、気持ちは若返っていく

前でも書きましたが、人は1人では生きられないものです。

いまの世の中、何でも便利になって、1人暮らしでも生活しやすくなりました。いえ、1人暮らしのほうが生活しやすい、ともいえます。

食材を購入するのも、以前ならスーパーに行く人がほとんどでしたが、いまはコンビニに行くという人も多いでしょう。1人か2人分を買うのには、そのほうが便利です。実際にコンビニの顧客層で、50代、60代は増えています。

外食するにしても、1人でも入りやすい店が多くなりました。

誰かとつながりたければ、SNSを使えば、それはたぶん簡単でしょう。出張などで見知らぬ土地に行く場合でも、「どなたか一緒にお茶しませんか」とツイー

トすれば、1人や2人から必ず返事が来るほどです。

たぶん誰でも経験があると思いますが、1人でもまったく困らない、ということはあると思います。

それでも、1日誰とも口をきくことがない、という日が続くと、声も出にくくなっていきます。

私は若さと健康の秘訣は声にあると思っていて、自分の声がきちんと出ているかどうかを気にしています。

若い人でも、元気のないとき、自信のないときには声は小さくなります。それに声質が低くなっていくものです。

逆にいえば、声を出していないと、元気も自信もなくなっていくように思うのです。

現役で仕事をしているときは、職場に行けば、誰かと話をしないわけにはいきません。だから、自然と声は出ています。

家庭でも、子どもや孫がいれば、黙っているわけにはいかないでしょう。

でも、仕事を辞めたり、子どもが巣立った後は、話す機会はずっと少なくなります。

そこで、恋愛などおつき合いの必要性が出てくるわけです。

「恋愛でなくても、友人や趣味の仲間がいれば十分ではないですか」

という人もいると思いますが、それは甘い考えです。

たしかにその通りですが、話の内容が実務的になると、顔に柔らかさが出ないのです。

ただ、友人や趣味の仲間がいる人は、恋愛もしやすいということがあります。

それは、「関心を持つこと」を忘れていないからです。

これは大変重要なことで、1人の生活が続くと、自分以外のものに関心を寄せることが少なくなっていくものです。何でも自分だけで完結できてしまうので、他の人やものは、それほど必要ではなくなるからです。

でも、それでは、誰とも話をしない、1人の時間が増えるばかりでしょう。そして、その時間はこれから長く続きます。仕事をしないということは、1人になるということなのです。

「茶飲み友達」という言葉がありますが、これは、「年老いてから後に得た夫、妻」という意味でも使われていました。最初の伴侶《はんりょ》を亡くした後には、そういう存在が必要だったのでしょう。それは今でも変わりません。

茶飲み友達というのは、いつでも寄り合って、茶飲み話をする相手のことですが、そういう人がまわりにいる人は、いくつになっても元気なように思います。

昔はご近所の老人たちが集まっていたものですが、それは、そこに代々ずっと生活しているからこその関係です。

いまは、生まれてからずっと同じ場所に暮らしている人は少ないでしょう。

茶飲み友達をご近所で見つけるのが、難しくなっているのです。

それでも、地域活動に参加すると、そういう機会も増えます。

しかし、地域活動に入るのには抵抗があるという人もいるでしょう。子どもの頃から、そこに住んでいないと入りにくいものです。あるいは、その反対に相手のことを知りすぎていて面倒になることもあるでしょう。

そこで、まずは個人的な茶飲み友達をつくるところから始めてみましょう。でも、いまの若々しい60代には、「茶飲み友達」より「ワイン友達」「カラオケ友達」のほうがいいと私は思うのですが、いかがでしょうか。

このつき合いから、恋人関係になることも考えられます。

あるいはSNSやLINEでつながり、そこからコミュニティを広げていくこともできます。このなかから新しい恋人を見つけることもできるでしょう。

60歳からの恋愛は、どう育てていくか

新たな運命の人との出会いを果たした後は、その相手とどんなふうにつき合っていったらよいでしょうか。

若い頃の恋愛と、いまのあなたの恋愛で決定的な違いがあるとしたら、それはいまさら「恋は盲目《もうもく》」にはならない、ということです。

20代の頃には、好きな人ができると、その人のことが最優先となって、そのためにまわりに迷惑をかけることも辞さない、という情熱がありました。

40代くらいに、そんな相手とめぐり合ってしまった場合には、家族も捨てて、その人のために生きる、ということをした人もいたかもしれません。年齢的に、「こんな恋愛ができるのは、これが最後」だと思ってしまうのです。

でも、60歳の声を聞けば、仮に「これが最後」と思っても、「恋は盲目」になるようなことはありません。じつは案外、「これが最後」とは思わないものです。

自分自身が60歳になって気づくのは、それまでイメージしていた「60歳」とは大きく違うということではないでしょうか。

20歳の頃は「40歳」といったら、しっかりとした大人のイメージを持っていませんでしたか？　でも自分が40歳になってみると、若い頃と変わらず、悩みもあれば失敗もあり、しっかりとした大人とはほど遠いと、少々がっかりしたのではありませんか。

そして今度は40歳になると、「60歳」になったらもう老人で、恋愛するなんて考えられないと思っていたのではありませんか？

でも、実際は、そうではないのです。そのことを自覚している人もいるのではないでしょうか？

たとえ現実には恋愛から遠ざかっている人でも、「いい男」「いい女」に出会えば、ドキドキしたり、ちょっと自分をよく見せたいと思ったりするはずです。

もうとっくの昔に恋愛なんて卒業したと思っていたのが、そうではなかったことに気づくわけです。

かといって、そんな相手と、特別な関係になろうとしないところが「60歳」です。「いいな」と思っても、それだけで行動には移さない、いえ移せない人がほとんどでしょう。

行動に移せないのは、「家庭があるから」「仕事があるから」「そんな年齢じゃないから」ということがあるでしょう。ある意味で、それは賢明な考え方です。

けれども、たとえ行動に移したとしても、

「家庭は壊さない」

「仕事に支障は来《きた》させない」

のが、60歳の恋愛です。

「それでは、相手に失礼じゃないですか」という人がいるかもしれませんが、そんなことはありません。

自分と同様に、相手の家庭や仕事も尊重することです。

恋愛は対等です。

相手を思いやることがなければ、どんな関係も成り立ちません。

相手のことを尊重しながら、お互いにムリをしない範囲で恋愛を楽しむのです。

「楽しむ」というと、「遊び」のように思って、それを悪いイメージでとらえる人がいますが、「遊び心を持つ」というのは、大人になったからこそできることです。

それは決して、悪いことではありません。

相手に対して「もてあそぶ」気持ちがあるならば、それはまずいでしょう。

それは、60歳だろうと40歳だろうと、年齢に関係なく、人との関係で相手をもてあそぶことなど、あってはならないものです。

そうでなく、お互いに楽しく遊びの時間を持てることが、いまの年齢だからこそできる恋愛であり、その極意といってもいいでしょう。

時代とともに、結婚のかたちは変わっていく

「結婚」といえば、理想的には「一生に一度のこと」ですが、現実には3組に1組が離婚しているといわれています。そして最近では、結婚する4組に1組は再婚である、というデータもあり、その数は増えているといわれています。

「バツイチ」とは戸籍に「×」がついたという昔の慣習から来た言葉ですが、ひと昔前なら、そのことを、それこそ「傷」のように思ってしまう人もいました。いまはそんなことはないでしょう。

一生に一度、この人こそ運命の伴侶と思って、結婚することに変わりはありませんが、人生が長くなった分、「そうとは限らない」ということです。

いまや「結婚適齢期」は死語となり、晩婚化がどんどん進んで、30代以降の結

婚は増え続けています。

本書で繰り返してきた通り、いまの60歳は男女とも本当に若くなりました。60歳を過ぎて、結婚を決める人もいます。

エッセイストの阿川佐和子も、女優の桃井かおりも、63歳で結婚しました。どちらも相手は同世代の男性です。

いまは、そういう時代なのです。

60代になっても、新婚時代を過ごすことができます。

寿命が長くなることで楽しいのは、いくつもの人生を経験できることです。

60歳までの人生と、それ以降の人生。

たとえば、若いうちはシングルライフを存分に楽しみ、60歳からの第2の人生はパートナーとの人生を歩む。近頃はこのケースが少しずつ増えてきたようです。

また逆の場合もあるでしょう。

または、第1の人生と第2の人生でパートナーが替わったということもあるかもしれません。

2つの人生を、同時に手に入れることも夢ではありません。

シングルの時代を長く過ごした場合、子どもは持てないということが多くなりますが、60歳を過ぎて結婚することで、その人生が一変することもあります。相手に子どもや孫がいる場合、結婚すれば、自分の子どもや孫ができることになるわけです。

そうして生まれる家族関係を「ステップファミリー」といいます。

子連れの再婚となると、昔は子どもが反対するということがありましたが、最近は、子どもが後押しする、というケースも少なくないようです。

「継父」「継母」になるということで、子どもとの関係を心配する人もいると思いますが、それについては、パートナーとじっくり話し合うことです。

そのときに、ルールを決めるのもいいでしょう。

欧米では「結婚契約書」を交わすことはめずらしくありません。日本でも増えてきたようですが、60歳以降の結婚には、とくにそれをしておく必要があるといってもよいでしょう。

「結婚契約書」は、そこに記すことでお互いの認識を明らかにし、心を一致させておくというものです。

たとえば、浮気や暴力、借金、家事の分担や子どもについての約束事を書いておきましょう。そして、これがいちばん大切なことといってもよいかもしれませんが、財産管理について明記しておくことで、その後のトラブルを回避できます。

自分たちで作成してもいいのですが、行政書士に依頼することもできます。いや、むしろ行政書士でも弁護士でも、専門家に作成してもらうほうが安全です。法律が保証してくれるからです。

この30年で、仕事や働き方が多様化したように、恋愛も結婚も大きく変わってきています。

けれども、その仕方、あり方がどれほど変わっても、あなたの「新しい出発」

になることだけは、変わりがありません。
「いまさら」「この年で」などという考えは捨ててください。
昔のイメージのままにとらえていては、あなたが損をしてしまいます。

第6章

違う方法も試して、セックスを楽しみなさい

女盛り、男盛りの時期は延長できる

日本の夫婦の半数近くがセックスレスだといわれています。

もともと日本人は、欧米人のように肉食系ではなかったので、性欲は弱いほうでした。

世代別では、50代、60代になると、7～8割の夫婦がセックスレスだという調査データもあります。

40代までは半数だった数字が、50代を境にどんどんと増えるのですが、年齢的に面倒になるということの他に、妻の更年期が、そのきっかけになるということもあります。

女性は、だいたい40代後半から50代前半で閉経を迎えます。その前後10年ほどを更年期といい、ホルモンのバランスが崩れることによって、感情的になりやすくなったり、疲れやすくなったりする人もいます。

セックスのときに性交痛を感じることもあり、そうなると、夫から求められても、応えられないということもあります。

少しずつ、セックスレスの期間が長くなって、いつのまにか、何年もしていないという夫婦はめずらしくありません。

ところで、セックスレスの夫婦だからといって、仲が悪いとは限りません。

セックスレスでも仲のよい夫婦もいます。

夫も妻も、性行為がないほうが気が楽、というタイプもいます。また、愛情はたっぷりあるのに、セックスはいらない、というタイプもいるのです。あるいは、セックスだけが合わない、という人もいます。

夫婦でも、すべてが一致していなければならないということはないでしょう。

非常にクールな考えのカップルのなかには、趣味が同じものは夫婦一緒に楽しみ、そうでないことについては、他の人と楽しむタイプもいます。セックスも例外ではありません。

そう、秘密さえ守れるなら、セックスは他の人と楽しんでもいいのです。

昔は、夫に求められて、本当は断りたいのを我慢して、お務めを果たしているという女性が多くいました。いまは女性も自己主張できるようになりました。それでセックスレスが増えているケースも出てきました。

婚外セックスの是否《ぜひ》はともかく、相手が誰でも、どんなことでも、相手にムリを強要するようことがあってはなりません。また、セックスレスの夫婦のなかには、パートナーが恋愛することを容認している人たちもいます。

結婚しているからといって、「生涯ただ1人」という時代は、終わりつつあるような気がします。それだけに私は、もっと自由になっていいのでは？　と思っています。

60歳になっても、いや60歳になったら、これまで以上にセックスを楽しむことができます。

「女盛り」「男盛り」という言葉があります。

女性であれば「容姿がもっとも美しい年頃」で20代から30代をいい、男性であれば、「心身ともに充実し、元気いっぱい働ける年代」で30代から40代が、まさに「女盛り」「男盛り」というわけです。

たしかに、自分やまわりの人たちを見まわしてみれば、その通りといえるかもしれませんが、その年代や期間は人によって大きく違うというのが、私のもともとの考えです。

女性でも男性でも、イキイキと活力に溢れた状態こそが、まさに「盛り」のときで、その人次第で、いくらでも延長できると思っています。

それだけに、いくつになっても、「女であること」「男であること」を放棄《ほうき》しないことです。

「性」の喜びを享受することで、人生はより楽しくなっていくからです。

60歳からのセックスは、挿入が目的にはならない

「女であること」「男であること」を放棄しないというのは、一言でいってしまえば、「セックスを人生から閉め出さない」ということです。

セックスを「挿入すること、されること」としてしまうと、それは「もう必要ない」という人もいるかもしれません。

けれども、60歳からのセックスは、「挿入」が目的でなくてもよいのです。とくに女性は、手でも足でも、触れられるだけで、気持ちの奥があたたかくなるものです。

それが性的なものでなくても、もちろん構わないのですが、それでは「セックス」とはいいません。

セックスとは、お互いがお互いを求め合うことです。

その気持ちがあった先に、抱擁《ほうよう》や触れ合いがあり、挿入があるわけです。

でも、60歳になったら、挿入はあってもいいし、なくてもいい。そう思いませんか？

実際、60歳以降のセックスになると、男性は以前より、女性に触れている時間が長くなるといいます。私はこれを「遊びの時間」「弄《もてあそ》びの時間」といっていますが、相手の指や腋、脚、胸や性器をくすぐったり、撫《な》でたりするのです。

さらにはキスしたり、舐《な》めたりすることで、女性が感じてくれることに、男性自身も快感を覚えるわけです。いわゆる前戯《ぜんぎ》というものです。

若いときには、どうしても挿入することが目的となって、前戯がおざなりになりがちです。

けれども女性のほうからすれば、挿入よりも前戯のほうが、ずっと強く、深く感じるという人も多いのです。

女性は55歳くらいまでには閉経を迎えますが、それを境に、性器に刺激を与えても、濡れにくくなることがあります。「触られても痛いだけ」となって、セックスを拒《こば》んでしまうこともあるのですが、そういう場合は、ムリをしないことです。

女性は相手に対して、そのことを伝え、男性のほうでも、女性が顔をしかめるようなことがあったら、察して、痛くないか確認することです。

痛いようなら、他の場所に触れればよいのです。

また濡れないことで痛みが出る場合には、やさしく舐めるだけにするというのも1つの方法です。

女性は、あたたかい舌から、「愛されている」と感じることができるでしょう。

セックスが大切というのは、この「愛されている」という感覚を持つことができるからです。この感覚は、女性にとっても、男性にとっても、とても大事なことであることはいうまでもないでしょう。

同じベッドで寝てみませんか？

「60歳になってもセックスは大事」

そうわかってても、いったん遠ざかってしまうと、「さあ、今夜から、さっそく」とはいかないのがセックスです。

夫婦がセックスレスになってしまうのは、子どもができたことが、そのきっかけになることも多いようです。

子どもを産み、育てるというのは、それだけ大変なことで、育児中の女性は、「それどころじゃない」というのが本音でしょう。ましてや、2人、3人育てているとなればなおさらです。

職場ではこの年頃になると、男性も女性も、中間管理職的な立場になることも多く、からだと心に負担が増えます。ベッドに入れば、「セックスより睡眠」となるのはしかたのないことかもしれません。

それでも、同じベッドで寝ているうちには、チャンスはつくりやすいものですが、寝室を別にしたり、たとえ同じ部屋でもベッドや布団が別になったりしてしまうと、「夫婦」はいつのまにか「家族」になって、いざ、セックスをしようとしても、「まあ、いいか」と眠ってしまう。あなたにも、そんな経験があるのではありませんか。

40代、50代を過ごすうちに、体力は少しずつなくなって、知らず識らずのうちに疲れやすくなり、なにかしようと思っても億劫になってしまうのです。

「旅行に出るのも、億劫」

「外で食事するのも、億劫」

「セックスも、億劫」

これでは、セックスを楽しむどころか、人生も楽しそうではありません。

そこで、まずは、できるところから始めましょう。

旅行に出るのが億劫ならば、ちょっと散歩に出てみましょう。

セックスが億劫ならば、手をつないで寝てみましょう。

それも億劫ならば、とりあえず、布団を近づけたり、同じベッドで寝てみることにしましょう。

最初は照れくさいこともあるかもしれませんが、いつのまにか、からだをふれ合っていた、ということにもなるかもしれません。

セックスから遠ざからないようにするコツは、セックスを大げさに考えないことです。

気軽に、「今日は一緒に寝よう」「ちょっとベッドに行ってみよう」と誘ってみてはいかがでしょうか。

服を絶対に脱がなければならないということもありません。

ちょっと触るだけで、愛の交歓《こうかん》は十分です。

濃くも薄くもできるのが、大人の恋愛です。

子どもが巣立った後であれば、2人の時間を楽しみましょう。あえて、あっさり、するのもよし。ときには若い頃に戻って、汗を流してもいいでしょう。

60代の男性は、まだまだ精力が十分残っています。「そうは思えない」という人は、いまは少し遠ざかってしまったからでしょう。近づけば、思いがけない精力が出てくるものです。

女性の場合には、更年期を迎える頃から、「触れられたくない」「触れられると痛い」ということがあるかもしれません。そのときにはムリをしないことです。けれども、抱きしめられてイヤな気持ちがしなければ、その気持ちを優先してみましょう。

性交痛を改善する潤滑剤（ゼリー）やマッサージ用のローションを使ってみるのもよいでしょう。それらは、通販サイトなどでも入手できます。

性欲のある自分、ない自分を否定しない

「いい年をしてセックスなんて」と思うのは損です。セックスに「いい年」も何もないのです。年齢とセックスは関係ありません。

大人になって、愛する人と1つになりたいというのは、人間の本能です。

ただし、だからといって、しなければならないものでもありません。

私からいうまでもなく、セックスは、してもいいし、しなくてもいいのです。

性欲をあまり感じない人は、それ以外のことで満たされているのでしょう。

そうであるなら、それでいいのです。

性欲のない自分を否定する必要はありません。

私の友人たちで「からだも衰《おとろ》えてしまったし、あっちも衰えてしまった」とい

う人ほど、人生に弱気です。

逆に、性欲がありすぎて心配な人は、それだけ元気な証拠だと思っておきましょう。相手がいないという場合には、1人ですればよいのです。

マスターベーションをすることに抵抗を感じる人がいるかもしれませんが、まったく気にすることはありません。

むしろ1人遊びの1つと思って、楽しむべきです。誰にも迷惑をかけないのであれば、セックスに関わることで罪悪感のようなものを持つことはないのです。

女性用のローターやバイブレーターを使ってみるのもよいかもしれません。昔は「大人のおもちゃ」といわれ、男性が女性に使うことが多かったですが、いまは、女性が女性のために開発した、というような商品も出まわっています。形やデザインもきれいで、機能も、女性のデリケートな部分を傷つけない工夫が施されています。1人のときに使うだけでなく、パートナーと一緒のときにも、2人でそれを使ってみるのもよいでしょう。

女性は、男性がうまく勃起しないときには、やさしく触れて、男性が望む場合には、手でしごいてあげましょう。そのときに、男性が痛がることがあるかもしれません。そんな場合には、潤滑剤やローションを使用するといいでしょう。

女性でも男性でも、キスをしながら、舌を大活躍させてみてください。

関係が長くなると、キスがおざなりになりがちです。

「セックスレスではないけれど、キスはしていない」という人がいるくらいです。

キスもセックスの一部です。舌先で、相手の上唇、下唇をつつき、さらに口のなかへ舌を伸ばしていきます。相手の舌と握手をするような感覚で、舌を動かしていきましょう。

60歳を過ぎたら、自分のなかのタブーを外していくことも大切です。

「この年になってエッチするなんて恥ずかしい」といった、つまらない考えは捨て去ることです。

セックスにおいては、自分でも無意識のうちにガードしていることが多いのです。とくに、昭和に育った女性の場合には、その傾向があります。

堂々と自分を解放してあげていいのではないでしょうか。

夫からの要求に仕方なくつき合って、妻としての務めを果たしてきたという女性も、じつは多いのですが、そんな「お務め」も、おしまいです。

したければ、すればいいし、したくなければ、しなくていいのです。

それを許してくれる相手を見つけましょう。結婚相手であればベストですが、そうでない選択もあることは、前で書きました。

年を重ねてよいことは、とりあえずは、1つの役目を果たせたということです。仕事も子育ても、社会人としての義務は果たしたところで、いま、第2の人生がスタートするわけです。

いままでと違うことをしたり、できなかったことを試していきましょう。

それには、まずは「この年で」という自分のタブーを外すことです。自分の本音を出して、セックスとも、新しいつき合い方をしていこうではありませんか。

相性のよさは「思いやり度」で決まる

セックスの相性のよさは、抱き合ってみればわかります。そんなことは、いまさら私にいわれなくても、誰でも経験済みです。

ただ再婚や遊びなど、新しい相手の場合もあります。それに感覚を忘れている人も多いはずです。

抱きしめ合って、ピターッと1つになれるような一体感を感じられたら、その人とは相性がいいということです。

女性は、抱きしめられて、相手のことを100パーセント信頼できれば、その身をまかせられます。けれども、「まだ、そこまでは信頼できない」と思っていると、からだが緊張して、硬くなり、傍から見ると、相手に対して反《そ》ったような姿勢になります。これではピターッと、とはなりません。

男性も、女性にただ腕をまわしただけでは、相手との一体感は得られません。相手のどこもかしこも自分と合ってほしいという気持ちで抱きしめると、2人の関係が相思相愛であれば、ピターッと合うのです。

もしかしたら、最初はうまくいかないこともあるかもしれません。

長年連れ添った相手でも、いつのまにか、変わっていることはあるものです。それは病気や身体、あるいは環境の変化で、若い頃と大きく異なることもあるからです。

でも、また試してみることで、新しい関係が生まれるかもしれません。外での新たな出会いも、積極的に受け入れていきましょう。

「私には出会いがない」

「老けてしまって自信がない」

という人がいますが、そんなことはありません。

出会いがないのは、出会う場所に行っていないからです。または、そういう場所に行っても、出会おうとしていない、ということもあります。

いまはセミナーやオンラインサロン、オフ会や講座、カルチャースクール、異業種交流会など、以前よりも大人の異性と出会うチャンスが圧倒的に増えてきました。そこを積極的に活用してみましょう。

新しい男性、あるいは女性と出会ったら、

「この人と恋に落ちることもあるかもしれない」

と思って、話をしてみるのです。

実際にそうなる必要はありません。

そう思うだけで、あなたの話し方は華やかになるはずです。

そして、セックスのチャンスが来たら、実際に相手との相性を見てみましょう。

セックスの相性のよさは、相手に対する「思いやり度」で決まります。

相手のことを大切にしたい、歓ばせたいという思いがお互いにあれば、その2

人のセックスは、いいに決まっています。

若いときには、つい自分本位になりがちです。

それだけの余裕がないので、しかたのない面もあります。

けれども60歳を超えたら、それまで以上に、相手のことを大事にできる自分に気づくのではありませんか?

だからこそ、60歳からのセックスはよくなるのです。

ぜひ、試してみてください。

第7章

まかせられることは、人にまかせてあげなさい

「まだまだ若い」と思っている落とし穴

2018年のPGF生命の調査によれば、その年に60歳を迎える人で、「還暦を迎えるという実感がわかない」という項目に「非常にあてはまる」とした人は、全体の40パーセントを超え、「ややあてはまる」という人を含めると、70パーセント強にもなったそうです。

この考え方は、あなたにも、当てはまるのではないでしょうか。

同じ調査で、実感する精神年齢についても聞いていますが、「50～54歳」が28パーセントといちばん多く、次いで「40～44歳」が17パーセント、「55～59歳」が14パーセントでした。

つまり、ほとんどの人が、自分の実年齢よりも、5歳から20歳は自分自身を精神的に若く感じており、なかには30歳も下に見えていると感じている人もいる、ということです。

私も60歳のときの写真を出して眺めてみると、40代といってもいいんじゃないかと思えるものもあります。

若く見える人が増えたのは、若い人たちと同じ部分、たとえば肉体や考え方、行動力などを持つことが、昔よりも増えたからではないかと思います。

たとえばスマートフォンをとってみても、20代の人と同じものを使っている人は少なくないでしょう。

若い人と高齢者の大きな違いは、見ているもの、使っているものが違うから、ということがあります。でも、いまはＳＮＳを利用したり、家族とＬＩＮＥでやりとりしたり、以前よりも、年齢差による生活の違いが少なくなっています。

いずれにせよ、自分を若く思うことは、とてもいいことです。

ただし、本当の40代とは違うので、気をつけたほうがよい、ということはあります。

よくあるのが、ファッションや髪型、化粧が20年前のままになっていることです。

その時代時代で流行がありますが、自分が20〜30代のときに似合ったものを、50〜60代になっても似合うと思っている人は、案外多いものです。

「流行は繰り返す」といわれますが、それでも、まったく同じではありません。そのことを取り違えてしまうと、若そうな格好をしているのに、どこか古くさい感じが出てしまいます。

たとえばワイシャツの襟は時代によって微妙に違っていますし、パンツの細さも違います。いや形そのものが変わっているのです。

だからといって、いまの20〜30代の人たちの流行に合わせようとするのも、ムリがあります。からだの線が変化しているからです。

60歳からは「ムリ」は禁物です。

「無理《ムリ》」というのは、「道理のないこと」「理由のたたないこと」「強いて行うこと」「行いにくいこと」と辞書にあります。

ムリをしてでも頑張らなければならないことが人生にはありますが、60歳以降は、自分の体力と知力、情報力に合わせたほうがいいでしょう。

年齢に合った自然体でいくのが、いまの時代には合っているように思います。

だから、「ムリ」はしないことです。

そのためには、次の3つを心がけましょう。

（1）道理に合わないことはしない
（2）できないことはしない
（3）押し切らない

最近の若い人は、すぐに「ムリ！」というそうです。

自分には「できない」「受け入れられない」という意味ですが、あなたがムリをすることで、まわりから浮いた存在になることもあります。

ムリをしないことで楽になるのは、あなた自身です。

大事なことは、60歳になった自分を総点検することです。

そうすれば、まだまだ若い自分も、そうでない自分も、見えてきます。

自分にムリをしすぎることもなくなるでしょう。

昔のようには、うまくいかないこと

「こんなに老眼がつらいものとは思いませんでした」

50代の知人の言葉ですが、編集者である彼女は、老眼のせいで昔のようには仕事が進まないとこぼしていました。

60代も後半になれば、老眼にも慣れてしまいますが、「老眼初心者」の頃は、とても不自由に感じるものです。

ことに、文字や数字を見なければいけない仕事の人には、つらいでしょう。

30〜40代の頃というのは、仕事にも慣れ、また責任も持たされる時期で、いちばん働ける年代かもしれません。

それがいつのまにか、「昔のようにはいかなくなった」という愚痴《ぐち》が出てきます。

老眼などの視力、体力の衰えに加えて、微妙な変化を感じとる感覚の衰え、つまりセンスの衰えを感じることもあるかもしれません。

いまでは、継続雇用制度の導入などで、会社員は希望すれば65歳までなら働けるようになりました。けれども、前でも書いた通り、そのままのポジションで続けられるとは限りません。

もともとは自分が決裁できたことを、後輩や年下の上司に判断を仰がなければならないこともあります。

そのときに、いちばんいわれたくないのが「古い」という言葉ではないでしょうか。

平成の時代も終わりましたが、60代の人からすれば、平成が始まったのは、ちょっと前のことのように感じます。それで、つい、10年前、20年前の話を、最近のことのようにしてしまうことがあります。

でも、若い人たちからすれば、それは自分が生まれた頃の「ずっと昔の話」になってしまうこともあるわけです。

そのときに「自分はもう古いのではないか」と思ってしまうと、だんだんと自分の話ができなくなると同時に、自信を失うのです。

年をとれば、話や感覚が古くなるということは、仕方のないことです。だから、あまり気にする必要はありません。

若い人のなかには、先輩の話を自分の学びとして、聞きたいと思っている人もいます。そして、私の知る限り、その数は、そんなに少なくないようです。

たとえ少々古い譬えがあったとしても、本質のところが間違っていなければ、古くはならないのです。

いまのパナソニックでは、いまだに創立者、松下幸之助の言葉を唱えているとか。では古くさくなって会社が衰えているかといえば、それは違うでしょう。名言であれば、古いものであっても名言なのです。

そのことに自信を持ちましょう。

若かった頃の自分からすれば、思うようにいかないことは増えるかもしれませんが、そう悪いことばかりではありません。

若い頃にはできなかったことが、できるようになっていることもあります。

第一線で働いていたときには自分のことだけで精一杯だったのが、60歳になって第一線を退いたおかげで、仲間と一緒に仕事をしていくことの楽しさを味わえている、という人もいます。

部下に対して厳しく接していたのが、優しくなったという人もいます。

若いときには気づかなかったことに、気づけるようになるのが年の功です。

老眼は老眼鏡をつくれば楽になります。

いまは、見た目のいい眼鏡がたくさんあります。誰にも老眼鏡とはわかりません。型によっては、それをかけるだけでも10歳くらいは若く見えます。

職場でも家でも、できなくなったことは、ネットやモノや人に助けてもらえばいいのです。そう思ってみると、気が楽になってくるのではありませんか。

若い人とどうつき合っていくか

あなたの携帯電話には、何人くらいの人が登録されていますか？

そこに登録された人たちの平均収入が、自分の収入になる、というのは作家の本田健さんの言葉ですが、それにならっていうなら、登録された人たちの平均年齢が、あなたの精神年齢になります。

仕事をしていれば、つき合う人たちはさまざまでしょう。若い人もいれば、同世代もいる。自分よりも上の人たちもいるでしょう。

でも、60歳くらいになると、同世代の人に偏《かたよ》りがちです。

その理由の1つには、自分とは違う世代とのつき合いが減っていくからです。

私は常々、自分の世界を広げるには、自分と異なる人たちとのつき合いを増やしなさい、といっています。

自分とは違う異性、異趣味、異業種、異世代、異民族の人たちとつき合うことで、自分のなかの常識がくつがえっていきます。

それまでは思いもしなかった見方、考え方を知るのです。

それが、あなたの若さを引き出します。

携帯電話に登録された人たちの平均年齢が、自分の精神年齢であるとすれば、若さを保つには、年下の世代とのつき合いをいかに増やしていくかということになりますが、これが案外、難しいものです。

若い人と話をする機会があっても、何を話していいかわからない、という人は多いからです。

子どもや孫のいる人なら、慣れているので、そんなことはないかと思いますが、その子どもたちとうまく話ができないという人もいます。

年下の人と話をするときに気をつけたいのが、「質問責め」にしないということです。

「仕事は何ですか？」

「どこに住んでいますか？」

「出身校はどこですか？」

「つき合っている人はいるの？」

「どこに遊びにいくの？」

というように、ただ相手について質問をするだけでは、まるで警察の取り調べのようになってしまいます。

では、自分のことを話せばいいかというと、自慢話か愚痴、そのうちに説教、となりがちで、そうなれば、若い人たちは離れていくでしょう。

自分よりも若い世代とつき合うには、彼らと対等になることが大事です。

上から目線にならないのは当然ですが、逆に、下手に出て、ご機嫌をとるような話し方では、うまくいきません。

「対等になる」ためには、次の2つが大切です。

（1）情報が新しく、その量が豊富なこと。

（2）尊敬し合える関係であること。

「情報が新しく、その量が豊富」であるというのは、それだけ話題があるということです。

相手の世代がどうであろうと、友達はいつも対等です。

ディズニーランドの接客のすばらしさは、小さな子どもと話をするときには腰をかがめて、その子どもの目線と同じになるようにして話をすることです。これを見習えば、大人であっても、同じ目線に立つということです。

上からでも下からでもなく、対等につき合っていけばいいのです。

こういうと、ラフにつき合ってもいいと考えて、言葉づかいが乱暴になる人がいますが、それでは対等にはなりません。

（2）の「尊敬し合える関係」でなければ、対等は成り立ちません。

できれば、尊敬できる若い人を見つけることです。

若い人でも、すでに起業して成功している人も大勢います。

豊富な知識を持って、専門分野で活躍している人もいます。

尊敬している相手であれば、話す言葉は自然と丁寧になるはずです。

また、若い人とつき合っていくには、できるだけ相手にトクをとらせるようにしましょう。

「この人とつき合っていたらトクだ」という相手からは、人は離れないものです。

昔の作家は若い編集者によくごちそうしたものです。

私も若かった頃は、三島由紀夫をはじめ、多くの作家の先生方にクラブやバー、あるいは食事に誘っていただきました。そういう時間を持つというのは、お互いの距離が縮まるだけでなく、いまになって思えば、どれだけ学びになっていたかを思い知ります。

職場でも上司や先輩と一緒のときには、おごってもらうのが普通でしたが、いまは、そうとは限らないようです。

ことに女性の場合、おごることに慣れていないので、知らず識らず年上からはおごられるのが当たり前であり、年下でも割り勘の習慣が身についていることがあります。

同世代とはそれで構いませんが、下の世代とのつき合いでは、自分が「してあげられることをする」ことが大事なのです。そのためには、自分のお金を使うことです。

家事は、きっちりでなくていい

60歳からの暮らしを考えたときに、大事なのが「家事は誰がするのか」ということです。

1人暮らしであれば、自分のことは自分でするしかない。これは、女性であっても、男性であっても、同じです。これが夫婦2人の生活になると、「妻がするべき」という認識が、昔は夫にも妻にもありました。

しかし、いまでは、その認識が変わってきているようです。

花王生活者研究センターの2018年の調査によれば、「家事は手間ヒマかかっても、きっちりやるべきだと思う」という女性の割合は、60代以下の世代と70代では、その認識が大きく分かれているというのです。

70代の女性は、「そう思う」「ややそう思う」人たちが全体の5割を超えていますが、60代より下の世代では、それが、平均して4割ほどになるのだそうです。

8年前にも同じ調査がされて、そのときのデータでは60代より下の世代は同じような数字でしたが、70代では7割の人が、家事はきっちりやったほうがいいと思っていたのです。

これが男性になると、2018年の調査でも、60代、70代ともに、家事はきっちりやるべきだと、7割の人が思っています。

この男女差は気になるところですが、年々、「家事はきっちりすべき」という意識は、どの世代でも減少傾向にあるそうです。

その背景には、お掃除ロボットの普及や、衣類の素材や住宅の設備が進化したことによって、洗濯や風呂掃除などが簡単になってきたからでしょう。

これからは、もっと楽になっていくのでしょう。

家事から解放されることで、趣味やボランティアに、その分の時間をまわせるようにもなります。

また女性だけが家事を負担するのではなく、男性のほうでも、それをすることへの抵抗感はなくなってきているようです。

リタイアしてからは、むしろ積極的に家事をこなす夫もいるようです。

男性というのは、自分の仕事と認識すると、案外きちっとやるものです。それをすることで、新たな楽しみを見つけることにもなるかもしれません。

家事の代行サービスを利用する、という手もあります。

「そんなのは贅沢すぎる」と考える人もいるかもしれませんが、いろいろな利用法があるようです。

何でも自分でしなければと思うと、ムリが出てきます。

まかせられることは、人にまかせてみましょう。

家事に限らず、60歳からは、そう考えられる人のほうが楽ちんなのは、理由を説明するまでもないでしょう。

いいとこ取りで、楽しめばいい

まだまだ若く、還暦を過ぎても、その実感が湧かないというのが、いまの60歳ですが、先の見通しは明るいかといえば、そうは思っていないようです。

博報堂生活総研の「シルバー30年変化」の調査によれば、１９８６年には、１００人中32人の割合で、「先の見通しは暗い」としていたのが、30年後の２０１６年には、その数字は１００人中47人にまで増えています。約半数の男女が「先行きは暗い」と考えているのです。

この調査は、60〜74歳の男女を対象にしていますが、１ヶ月のお小遣いは30年前よりも少なくなっているという結果が出ていました。

気持ちは元気でも、現実は厳しいわけです。

その状況下で、これからの30年近くを生きていかなければならないわけです。それだからということもあるのでしょうが、「何でもほどほど」で「気楽」なのがいいと考えています。

仕事でも家事でも子育てでも、もう十分働いてきたわけですが、これからは気負わずにいきたいというのは、理解できます。

でも、それでは昔のご隠居さんと同じになってしまうのではないでしょうか。昔のご隠居さんと、いまの60代のもっとも大きな違いは、見た目の若々しさです。若々しい人にはパワーがあります。

だから、これからは「いいとこ取り」でいきましょう。

ご隠居さんの気楽さと、30代にも負けない積極性をもって、人生を楽しんでいくのです。

「60代」を「再出発の時」としている人は、先ほどの調査で半数以上に達していました。実際、50代後半から起業して、60代に基礎を固めたいと考えている人は相当多いようです（拙著『老後の運命は54歳で決まる！』きずな出版刊）。

まだまだ、くすぶるつもりはないわけです。

それは当然で、それを当たり前と考えて実行する人ほど、この世代の目的にかなうからです。これから大きく儲けようと虎視眈々《こしたんたん》です。

まかせられることは、人にまかせて、ともかく、いまの自分にできることを始めてみましょう。

アンケート調査というのは、「いまはそういう人が多い」というデータであって、「あなたもそうなる」というものではありません。

「見通しが暗い」と思ってる人が47パーセントということは、53パーセントの人は、そうではないと思っているということです。

他の人のことはどうでも、あなたの先の見通しが明るくなるように、自分の道を積極的に切り拓《ひら》いていきましょう。

私は55歳で独立した後は、小さな仕事でも、ムリと思えるような仕事でも、何でも引き受けました。

その結果、著書も出版され、またその宣伝に講演に出かけていきました。

ピークのときには、1年間で200回以上の講演をしましたが、それによって新しい世界が広がっていったことはいうまでもありません。

そのかわりに、自分でなくてもできる仕事は、人にまかせるようにしました。

そのほうが効率がよかったのです。

いま60歳を前に独立する人も少なくありません。

実際に私の知人で最近独立した人がいるのですが、

「自分の老後を見据えて、最後のチャンスと思って踏み切りました」

といっていました。

彼は56歳ですが、その顔と声は、まだまだ40代といってもいいほど力があって、私も、昔の自分を見るようで、応援したい気持ちになったものです。

いまは独立するにしても、インターネットでできる仕事も多く、またオフィスを構えるにしても、シェアオフィスなどを利用することもできます。やる気さえあれば、誰でも独立できるのです。

人にまかせられることはまかせながら、自分へのチャレンジも忘れない、というのが新しい60歳からの生き方といえるでしょう。

第8章

70歳は今よりもっと、面白くなると信じなさい

老いていく自分を、どう受け入れるか

60歳で老いを感じることは、まだ、ほとんどないかもしれませんが、それでも、残念ながら体力は少しずつ落ちていきます。

気持ちは若くても、少なくとも40代、50代の頃とは違うことを、60代の半ばくらいからは、感じるようになるでしょう。

そんな自分と、どうつき合っていったらよいでしょうか。

前で「ムリはしない」ということを書きましたが、健康を保つには、それがもっとも大切なことかもしれません。

ロボットであれば、不具合が生じても、修理に出したり、部品を交換したりすれば元気回復となりますが、人間は、そうはいきません。

これからは、いまのからだを、あと30年は使っていかなければならないのです。すでに新品ではないのです。いつ故障にならないとも限りません。

しかし、ここが重要なのですが、故障しても死ぬわけではありません。いっぺんに死ぬのなら問題はありませんが、そのまま何十年も生き続けなければならないのです。

できれば、故障など起こさず、長持ちさせていくことを心がけないと、悲惨な後半生になります。

まずは70歳を「元気に」迎えられるように準備します。

そのためにの当面の目標（心がけ）は、次の2つです。

（1）70歳になってもしっかり歩ける自分であること
（2）70歳になっても食べられる自分であること

老いても、自分の足で、どこにでも行けることが目標です。

また、食べられるというのは、噛めて、飲み込める力があるということです。じつは私は、70歳を過ぎたあたりから、もう20年近くも、ものを飲み込むときにつかえてしまうようになりました。いつもではないのですが、あわてて食べたりすると、そうなることがあります。

とくに病気というのではなく、年齢のために食道が細くなっていて、いままでなら普通に通っていたものが、うまく下まで通らないわけです。

食道も老いるのかと最初はびっくりしましたが、これだけ長くからだを使っていれば、そんなこともあるでしょう。

そう思って、それに慣れるようにしています。すでに20年にもなるわけで、仕事にはまったく影響はありません。

夜型の私は、夜中にも軽く夜食をとるので、1日の食事は4回です。食べられるうちは元気なのだと思って、この習慣を守っています。

むしろ、これを習慣にしているからこそ、元気だといえるのかもしれません。

それに私は、自分で考えた「身土不二《しんどふじ》」の食習慣を続けています。

「身土不二」とは、自分の身体と生まれ育った土地や環境の食物は一致している、というものです。

私は東京の下町の墨田区で生まれ育ち、父は群馬県、母は千葉の九十九里の出身です。これにより私は、なるべく魚は小魚類、肉は豚肉を中心とし、野菜はキャベツ、大根、大豆類を中心に、食生活を構成しています。これが私を驚くほど健康にしてくれる生活です。

自分のリズムを崩さないということも、60歳以降は、意識していることです。

たとえば、私は午前3〜4時には寝るようにしています。

じつはその前に、夕食の後の約1時間は、仮眠をとります。

そうして深夜に起きて、原稿を書くのです。

若い人との会食があったような日は、仮眠をとることができません。

そういうときにも、寝るのは午前3時です。ここで早く寝たりすれば、寝る時間が不規則になってしまいます。

そうならないために、午前3時まで起きているというわけです。70歳までは、午前5時まで仕事をしていました。

この2時間差も老いが原因なのでしょうが、老いていくのは人間だから仕方ありません。それにしても、ふつうの人から見たら、驚異的でしょう。

最初のうちは周囲の人から危ぶまれたり、止められたりしましたが、いまでは医大の教授が取材したいというほど、この短眠法は有名になっています。

そんな自分と折り合いをつけながら、自分の生活のリズムや習慣を少しずつ変えながら、つくっていきましょう。

自分を否定することなく、前に進んでいくことが大切なのです。

70歳になったら、もう人生はおしまいか？

60歳を過ぎると、次に迎えるのは70代です。

あなたは、どんな70歳になりたいですか？

いまよりも、もっと自由な時間ができている可能性が高いでしょう。

70代という時代を、どんなふうに過ごしたいと思うでしょうか？

私自身をふり返ってみれば、70代は60代以上に活発に動いた10年でした。

55歳で独立した後、私は共立女子短期大学で、講師も務めていました。それが、70歳で定年を迎えるのです。

私にはとっては最初で最後の定年退職でしたが、そのおかげで時間ができ、おそらく人生でいちばん本を書いたのが、70代ではなかったかと思います。

ここでお伝えしたいのは、70歳になっても、いまのあなたと、ほとんど変わることはない、ということです。

小さなことで衰えを感じることはあっても、からだも気持ちも、依然として若さを保っていけます。私は70代の10年間で、１００冊の本を出版しています。

「それは櫻井さんが、特別だったのではありませんか？」

という人もいるかもしれませんが、特別な人間など、この世にいません。

というのも、現在の私とこの本を読むあなたとでは、もしかすると30歳近くの年齢差があるかもしれません。

たしかに、30年前、20年前の私は、同じ世代の人たちよりは、考え方も行動力も、少し進んでいたかもしれません。だから、自分の感覚的な若さを信じることができました。

けれど時代は過ぎて、いまの60代、これからの70代には、いままでの70代ではなかったような10年が待っています。少なくとも私は、そう思っています。

70歳になっても、人生はまだまだ終わりにはなりません。

先にも紹介した博報堂生活総研の「シルバー30年変化」の調査結果（２０１６）を見ても、そのことが伝わってきます。

それによれば、

「この先の人生が長いことを自覚している高齢者は、これからの自分に投資する意識が高まっています。『外国語を勉強したい』人や『スポーツクラブの会員になりたい』人は30年前の2倍近く増加。どちらも半数に迫る勢いです」

とあります。

自分への投資を、すでに始めている人もいるでしょう。

この投資も、今後の生活資金稼ぎの投資から、健康への投資、勉強への投資など、さまざまです。初婚、再婚のための人脈投資だってあるのです。

もちろん、いまからでも遅くはありません。

長い老後、いいえ、新しい第2の人生は、もう始まっています。

人生は、死ぬまで何が起こるかわからない

ここで、自分の人生についてふり返ってみましょう。

そのために、西洋手相学の祖といわれるキロ（Cheiro）の「運命変動表」を紹介したいと思います。

キロは、英国の伯爵家に生まれ、フランスに渡りましたが、数秘術《すうひじゅつ》の天才でもあり、英国でもフランスでも王室に召《め》されるほどの占術師となったのです。

「運命変動表」は、その人の運命に変化の起こる年を当てるもので、それは誕生日の日付によって決まります。

まずは、196頁の「運命数の早見表」から、あなたの運命数を出してください。

運命数がわかったら、「運命の変動年齢表」を見てください。

運命数の下の数字が、あなたの運命に変動が起こりやすい年齢になります。まずは、キロの運命変動年齢に、自分には何があったかを考えてみましょう。

運命的な出会いや別れ、進学、卒業、就職、起業、結婚、子どもの誕生、離婚、再婚、事故や病気など、自分の人生に起こったことをふり返ってみましょう。

２００頁に「運命変動表シート」があります。

それに書き込んでみてください。

あらためて見てみると、いいことも悪いこともあったでしょう。いいことだと思っていたことが悪いことになったり、悪いことだと思っていたことがいいことになることもあります。

運命変動年齢は、60歳以降にもあります。

「まだ変化することがあるのか」と思うと心配になる人もいるかもしれませんが、これまでのことを見てもわかるように、運命変動表は「不吉な予言」をするわけではありません。

◉キロの「運命変動表」

【運命数の早見表】

[生まれた日] 1日、10日、19日、28日――――[運命数1]
[生まれた日] 2日、11日、20日、29日――――[運命数2]
[生まれた日] 3日、12日、21日、30日――――[運命数3]
[生まれた日] 4日、13日、22日、31日――――[運命数4]
[生まれた日] 5日、14日、23日――――[運命数5]
[生まれた日] 6日、15日、24日――――[運命数6]
[生まれた日] 7日、16日、25日――――[運命数7]
[生まれた日] 8日、17日、26日――――[運命数8]
[生まれた日] 9日、18日、27日――――[運命数9]

【運命の変動年齢表】

[運命数1] 7、10、16、19、24、28、34、37、43、46、52、55、61、70
[運命数2] 7、11、16、20、23、25、29、34、38、47、52、56、62、70
[運命数3] 3、12、21、30、39、48、57、63、66、75、84、93
[運命数4] 4、10、13、19、22、28、31、37、40、46、49、55、58、64、67、73
[運命数5] 5、14、23、32、41、50、59、68、77
[運命数6] 6、15、24、28、33、39、42、51、60、69、78、87
[運命数7] 2、7、11、16、20、25、29、34、38、43、47、52、56、61、65、70、74、79
[運命数8] 8、17、26、35、44、53、62、71、80
[運命数9] 9、18、24、27、36、45、54、63、72、81

※それぞれの運命数には、確率の高い生まれ月があり、次のようになります。
[運命数1] 1・7・8月 [運命数2] 1・7・8月 [運命数3] 2・12月
[運命数4] 1・7・8月 [運命数5] 6・9月 [運命数6] 1・5・10月
[運命数7] 1・7・8月 [運命数8] 1・2・7・8月 [運命数9] 4・10・11月
右以外の月生まれの人は変動年齢にプラスマイナス1年と考えます

私の場合でいえば、私は4日生まれなので、運命数は【4】です。

4の運命変動年齢に自分自身の人生を当てはめてみると、

【31歳】で、「女性自身」の編集長になり、
【40歳】で、光文社を退職、祥伝社を起ち上げ、
【55歳】で、祥伝社を退社、独立、
【73歳】で、きずな出版の前身になる会社の設立、

というふうに、まさに運命変動年齢が私の人生の節目となっています。

正直にいうと、60歳のときには、73歳で新しい会社を起こすとは夢にも思っていませんでした。しかし、このキロの運命数には、73歳の変化がはっきり出ていたのです。

人生は死ぬまで何が起こるかわかりません。

88歳の私の人生をふり返っても、まだ私はそう思っています。

60歳のあなたにも、まだまだこれから、あなたが思ってもいないようなことが起こるでしょう。

いまは1人で暮らしているという人でも、運命の人と出会い、子どもや孫ができる可能性もあります。

女性でも男性でも、子どものいる人と結婚すれば、そうなります。これからの時代は「家族」の形も変わっていくでしょう。

いまの時点では、まったく思ってもいないような運命が、あなたを待ち受けているかもしれません。

それを心配するのではなく、むしろ楽しみにするくらいがよいでしょう。

◉運命変動表シート

生年月日　　年　　月　　日生まれ【運命数　　】

変動年齢　　人生に起こったこと、体験したこと、出会った人など

【　　歳】

【　　歳】

【　　歳】

【　　歳】

【　　歳】

【　　歳】

【　　歳】

【　　歳】

【　　】歳
【　　】歳
【　　】歳
【　　】歳
【　　】歳
【　　】歳
【　　】歳
【　　】歳
【　　】歳
【　　】歳

何も起きない人生なら、さざ波を起こそう

人生には何が起こるかわからない。そうはいっても、年を重ねて落ち着いてしまうと、「変化」というのは、あまり起こらなくなっていきます。

ご隠居さんになれば、むしろ、そのほうがいいわけですが、いまの60代は、隠居するには早すぎるということを、繰り返し書いてきました。

「運」は人から運ばれるものだと前でいいましたが、60歳くらいになると、残念ながら、運命を動かすほどの人たちとの出会いが減っていきます。

仕事をしているあいだは、それを通して、人と知り合う機会はいくらでもあります。子どもや孫がいることで、そこから人間関係が広がっていくこともあります。でも、息子や娘も仕事や子育てで忙しくなると、以前のように頻繁《ひんぱん》に会って

くれません。仕事を続けている人であっても、「毎日が刺激的で多くの出会いがある」という人は少ないでしょう。慣れた職場で、慣れた人たちと、「いつもと変わらない毎日」を送っているという人が、ほとんどではないでしょうか。

それが、ある意味では「平和」であり、「幸せ」だと、戦争を体験した私は思いますが、いまの60歳は「幸せ」をそれほど求めているわけではないようです。

前でも紹介した博報堂生活総研の「シルバー30年変化」の調査結果によれば、「現在欲しいもの」として「幸せ」を選択した人が、30年前には100人中30人の割合だったのに対して、2016年にはその数は半減して100人中16人にまで減っています。「幸せ」のかわりに大きく上まわったのは「お金」でした。

これは、別に幸せでいたくないわけではなく、「すでに幸せは感じているから、あとはお金だけ」ということなのか、お金がないので幸せとは思えない、ということなのか――そのどちらかだと私は思っています。

お金があれば、60歳を過ぎても、外国語を学んだり、スポーツジムに通ったりすることができます。おしゃれをして、パートナーや友人たちと食事や旅行にも出かけていくこともできます。最新の家電を購入したり、家事代行サービスを頼んだりして、家事からも解放されます。

だから、欲しいものは「お金」となるのでしょう。

どんな生活をしたいか、ということがイメージできているというのは、素晴らしいことです。それができていれば、そうなるように動けばいいのですから。

ともかく自分から動かなければ、新しい出会いは生まれません。

「面倒くさい」と思っていたら、何も始まらないのです。

当然のことながら、「運」が運ばれてくることもありません。

そこで、何も起きない毎日ならば、自分から「何か」を起こしてみましょう。

ここが運命の大きな岐路《きろ》になります。

私のまわりの若い人たちのなかには、読書会を開く人が増えています。

数人がカフェなどに集まり、1冊の本をとりあげて、感想を話したり、本に書かれたことを、どう実践していくのかを考えたりするのです。

これなら、本代と飲み物代くらいで、お金もそれほどかかりません。最初は親しい友人に声をかけるだけでいいので、あまり大げさなことにもなりません。

本を読むだけでも刺激を受けますが、自分以外の人と意見交換することで、新たに発見することも多いでしょう。

たったこれだけのことで、若い人たち、優秀、有能な人たちと縁がつながり、コミュニティができていくのです。このコミュニティができれば、ここから講演会やセミナーに発展し、小さなビジネスが生まれていくのです。

私のまわりでも、この読書会から活躍の場所を広げた63歳の男性がいます。

そんなふうに、自分から、自分の生活にさざ波を起こしてみてはいかがでしょうか。「そんなことは考えたことも、したこともない」という人ほど、その効果は高い、と私が保証します。

60代で年の功を磨き、70代でその恩恵を受ける

「亀の甲より年の功」ということわざがあります。

万年生きる亀の甲羅より、「年長者の経験から身につけた知恵や技術は貴《とうと》ぶべきである」という意味ですが、もともと「功」は「劫《こう》」と書きます。

「劫」というのは、時間の単位の1つで、インドでは「1つの宇宙が誕生し、消滅するまでの期間」とされています。

年をとるというと、ネガティブなイメージで受け取られがちですが、年を重ねたからこそ、身についた貴重な体験や財産、教養、知性があるものです。

若い頃にはできなかったことが、いまならできるということもあるでしょう。

それは仕事をするなかで身についた技術かもしれません。

若い頃には「許せない」と思っていたようなことでも、いまになってみると、「まあ、いいか」と思える寛容さもあります。

人は初めて経験することは、なかなか受け入れられないということもありますが、年を重ねて経験値が増えると、受け入れられることも広がっていくのではないでしょうか。

60代では、この「年の功」を広げていくことです。

これまでに身につけた技術を磨き、知恵を深めていきましょう。

60歳というのは、まだまだ、できることがたくさんあります。

私の当時をふり返れば、「できないことはない」というふうに考えていたくらいです。そして、実際に、「できること」はすべてしてきました。

何かを頼まれたら、断らないというのは、どんな世代にも共通していえる大切なことだと私は思っているのですが、60歳になったら、なおさらです。

たとえば、辞めた会社から、あるいは知り合いから、「仕事を手伝ってほしい」

といわれたら、喜んでそれに応えてみるのです。

報酬や条件などは、二の次です。

それをやって「できた！」という自信だけで、じつは大きな収穫になります。

88歳の私からすれば60歳は本当に若いですが、でも、30歳、40歳の人たちは、そうは思ってくれないでしょう。

自分では若いつもりでも、少しずつ、老人に向かっていることは否定できません。社会の一線からは、知らず識らずのうちに外れはじめるのが、60歳という年齢です。だから、若い人から頼まれたときには、ぜひ、それをやってみることです。それが、社会とのつながりになるのです。

60歳になったら、自分の趣味の世界にいるのもいいし、ボランティアなどに参加するのもいいでしょう。自分1人の時間を大切にしながら、他の人と関わる時間もつくっていくことです。

そうして10年後は70歳を迎えるわけですが、いまのあなたにとって、70代はどんなイメージでしょうか。

60代のうちはまだまだ若いと思っても、70歳になれば、さすがに老人のような気持ちになるかといえば、じつはそんなことはないのです。

経験者がいうのだから、間違いはありません。

70歳になっても、まだまだ若いと思える自分がいるはずです。

私の70代は高齢期に入って、いちばん華やかな時代でした。

なぜそうなるかは、ともかく、60代を味わってからわかります。

輝かしい70代を迎えるために、これからの10年があります。

この本を読んで、なにか、じっとしていられないような、ワクワクする気持ちが湧いてきたら、この本の役目は、ひとまず完了です。

おわりに

60歳という再出発のスタート地点に立った、あなたに――

「これから、どんな人生が待っているだろうか」

30年前の、60歳を目前にした私は、じつは不安でいっぱいでした。

雑誌の編集長として長く勤めた会社を辞めて、独立することを決めました。

応援してくださる方たちもいて、傍から見れば、不安になるようなことはないように思えたかもしれませんが、でも、実際は、何も決まっていないわけです。

何も決まっていないのに独立したのは、60歳になるまでに行動しなければ、もう動けなくなってしまう、いや動かなくなると感じたからです。

当時、私はたまたま見つけた1枚の絵を買いました。

小さな油絵ですが、そこには、痩せこけた馬に、西洋風の甲冑《かっちゅう》をつけて乗り、槍《やり》1本を持って冒険の旅に出るドン・キホーテの姿が描かれていました。

たった1人で戦いに挑《いど》むような姿に、自分の姿を重ねたのです。

このドン・キホーテのように、私は1人、人生の再スタート地点に立っていたわけです。

この本を手に取られた方のなかにも、当時の私と同じような状況の人がいるかもしれません。

状況は違っても、これからの人生を思い、夢や希望も持ちながら、不安も消すことができない、という人もいるでしょう。

本書はまさに、そんな方たちに向けて、書いたものです。

いま感じている不安を消し去ることはできません。

というより、消す必要はないのです。

不安というと、いけないもののように思いがちですが、不安があるからこそ、強くなる、激しく戦えることがあると思うのです。

何の不安もなければ、することもないでしょう。そのまま老いていくだけです。実際に不安がないのならそれでよいのですが、いまの世の中、もしも不安がないという人がいたら、それはあまりに脳天気です。

けれども、あえて言葉にするなら、不安はあっても大丈夫です。

戦う力は十分にあり、戦うだけでなく、勝利する気力だって、身体中にみなぎっているからです。

それが、60歳以降の自分の人生をふり返ってみての、私の結論です。

60歳がいかに若く、力強いかというのは、88歳の私だからこそわかることだと思っています。

20歳の若者にいうように、私は、60歳のあなたに、

「あなたの未来は希望に満ちている」

といいたいのです。

そして、その未来を楽しんでいただきたいのです。
あなたには、これまでの人生から身についたキャリアと知恵があります。
これまでの失敗さえも、いまでは、あなたの宝になっているのです。
そのキャリアと知恵と宝を携《たずさ》えて、第2の人生をスタートするのです。

人生の再出発のスタート地点に立ったあなたに、心からのお祝いとエールを贈って、ペンをおくことにします。

櫻井秀勲

●著者プロフィール
櫻井秀勲（さくらい・ひでのり）

1931年、東京生まれ。東京外国語大学を卒業後、光文社に入社。遠藤周作、川端康成、三島由紀夫、松本清張など歴史に名を残す作家と親交を持った。31歳で女性週刊誌「女性自身」の編集長に抜擢され、毎週100万部発行の人気週刊誌に育て上げた。55歳で独立したのを機に『女がわからないでメシが食えるか』で作家デビュー。以来、『運命は35歳で決まる！』『人脈につながるマナーの常識』『今夜から！ 口説き大王』『寝たら死ぬ！ 頭が死ぬ！』『子どもの運命は14歳で決まる！』『老後の運命は54歳で決まる！』など、著作は200冊を超える。

◘ 著者公式HP
http://www.sakuweb.jp/

◘ オンラインサロン「櫻井のすべて」
https://lounge.dmm.com/detail/935/

◘ オンラインサロン「魔法大学」
https://salon.kizuna-cr.jp/wizard-academy

60歳からの後悔しない生き方
いまこそ「自分最優先」の道を進もう！

2019年7月1日　初版第1刷発行

著　者　櫻井秀勲

発行者　岡村季子

発行所　きずな出版
東京都新宿区白銀町1-13　〒162-0816
電話 03-3260-0391
振替 00160-2-633551
http://www.kizuna-pub.jp/

ブックデザイン　福田和雄（FUKUDA DESIGN）
編集協力　ウーマンウエーブ
印刷・製本　モリモト印刷

ISBN978-4-86663-079-3

きずな出版